파이어플라이를 활용한 이미지 보정과 합성

바로 쓰는 포토샵 AI

KB169146

인공지능(AI, Artificial Intelligence)은 논리적으로 학습하고 판단하는 인간의 지적 능력을 컴퓨터로 구현한 과학 기술입니다. 이전에는 복잡한 수학 문제를 해결하거나 정보를 검색하는 수준에서 인공지능을 사용했지만 최근 '챗GPT'와 같은 생성형 AI 기술이 빠르게 발전하면서 텍스트를 입력하는 것만으로 원하는 이미지를 대량으로 생산할 수 있게 되었습니다. 이와 같은 이미지 생성 AI가 화제 되기 시작하면서 수많은 AI 서비스가 쏟아져 나왔고 Adobe도 이에 발맞춰 Firefly라는 이름의 생성형 AI를 탑재한 포토샵을 새롭게 출시했습니다.

AI가 디자인 분야에 도입되기 전에는 예술과 관련된 일은 AI로 대체되기 힘들 것이라 예상했습니다. 2016년, 한국고용정보원이 진행한 설문조사에서 'AI로 대체될 확률이 낮은 직업'에 화가가 1위를 차지할 정도로 많은 사람이 그림을 그리거나 디자인하는 작업은 인간만이 할 수 있는 일이라 생각한 것입니다. 하지만 불과 몇 년 사이에 이미지 생성 AI가 상용화되면서 예술과 디자인 분야에 큰 반향을 일으키고 있습니다. 물론 아직까지는 개선해야 할 부분이 존재하지만 장기적인 관점에서 발전 속도를 고려해 보면 AI가 인간의 수준을 뛰어 넘는 것은 시간 문제일 것입니다.

이런 이유에서 AI가 우리의 일자리를 빼앗지 않을까 막연한 두려움과 걱정에 사로잡힌 분들이 계실 것 같습니다. 혹은 새로운 변화에 관심은 있지만 정작 무엇부터 해야 할지 고민하고 있는 분들도 계실 것입니다. 이러한 분들께 조금이나마 도움을 드리고자 책을 집필하게 되었습니다.

이 책은 포토샵의 신기능인 '생성형 채우기'를 활용해 쉽고 빠르게 보정하고 합성하는 방법을 소개합니다. [PART 01 포토샵 보정과 합성의 기본]에서는 Firefly의 개념과 새로워진 포토샵의 핵심 기능을 학습하고, [PART 02 높은 퀄리티의 실무 작품 제작]에서는 콜라주 배경화면 만들기, 판타지 소설 북커버 만들기 등 상상력을 자극하는 다양한 주제의 예제를 통해 실전 감각을 익힐 수 있습니다.

기존의 그래픽 매뉴얼 도서와 다르게 상세한 이론 설명보다 예제를 중심으로 책을 구성했기 때문에 직접 따라 하다 보면 자연스럽게 기능이 습득될 것입니다. 입문자라면 놓치기 쉬운 포인트나 디자인 팁도 본문에 담았으니 실무에 적용할 소소하지만 유용한 팁을 충분히 얻어가길 바랍니다.

AI가 예술과 창작의 분야까지 빠르게 발전하고 있지만 인간을 대신할 수 없는 부분은 분명히 존재합니다. 책을 읽고 나면 생성형 AI 역시 포토샵과 같은 도구의 하나이며 AI에게 명령을 내리는 인간의 창의력과 상상력이 훨씬 중요하다는 사실을 깨달을 것입니다. 이 책이 독자 여러분께 새로운 관점을 제공하는 계기가 되길 바라며 포토샵 AI의 도움을 받아 창의적이고 독창적인 나만의 작품을 만들어 보길 바랍니다. 나아가 실무에서 포토샵 AI를 활용할 방안에 대한 아이디어도 충분히 얻어가면 좋겠습니다.

언컬러드 대표
전하린(하디)

이 책의 구성

이 책은 Photoshop CC 2024의 신기능인 '생성형 채우기'를 활용해 쉽고 빠르게 보정하고 합성하는 방법을 소개하는 인공지능 디자인 가이드북입니다. 상세한 이론 설명을 최대한 간략하게 마치고 예제를 따라 하면서 자연스럽게 기능을 익힐 수 있도록 구성했습니다.

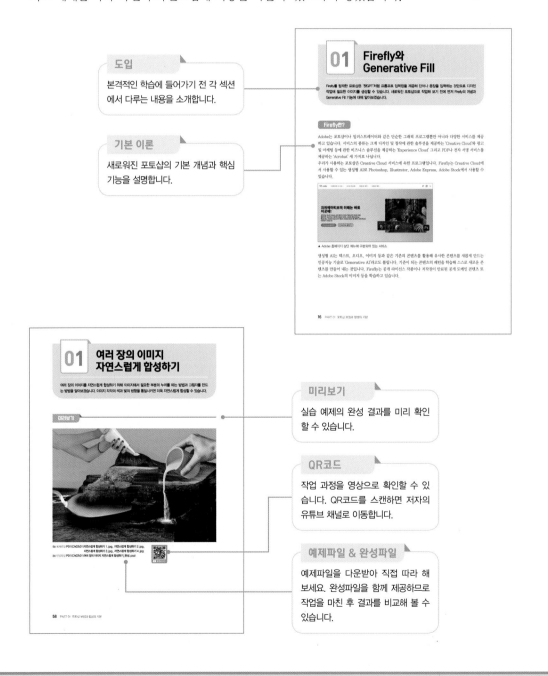

도입

본격적인 학습에 들어가기 전 각 섹션에서 다루는 내용을 소개합니다.

기본 이론

새로워진 포토샵의 기본 개념과 핵심 기능을 설명합니다.

미리보기

실습 예제의 완성 결과를 미리 확인할 수 있습니다.

QR코드

작업 과정을 영상으로 확인할 수 있습니다. QR코드를 스캔하면 저자의 유튜브 채널로 이동합니다.

예제파일 & 완성파일

예제파일을 다운받아 직접 따라 해보세요. 완성파일을 함께 제공하므로 작업을 마친 후 결과를 비교해 볼 수 있습니다.

책에서는 'Photoshop CC 2024' 영문 버전을 기준으로 작업하였습니다. Firefly의 Generative Fill 기능을 이용해 디자인 작업이 이루어지기 때문에 실습을 따라 하기 위해서는 Photoshop CC 2024 버전을 사용할 것을 권장합니다.

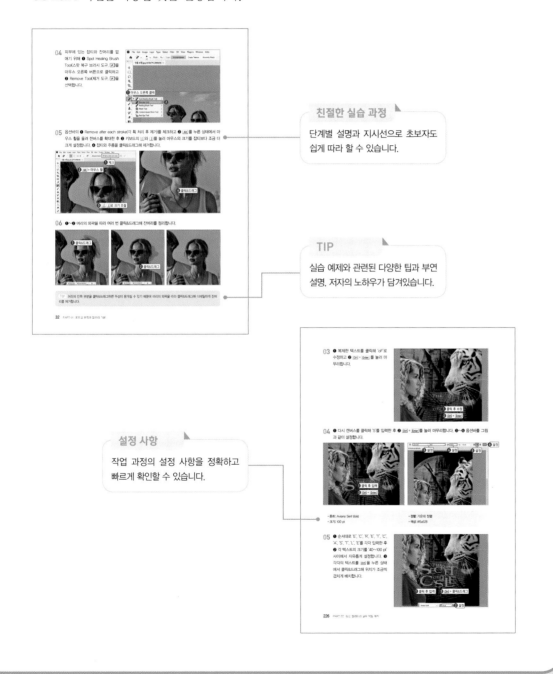

친절한 실습 과정

단계별 설명과 지시선으로 초보자도 쉽게 따라 할 수 있습니다.

TIP

실습 예제와 관련된 다양한 팁과 부연 설명, 저자의 노하우가 담겨있습니다.

설정 사항

작업 과정의 설정 사항을 정확하고 빠르게 확인할 수 있습니다.

목차

01 시대인 홈페이지(www.sdedu.co.kr/book/)에 접속하여 로그인합니다. 회원이 아닌 경우 [회원가입]을 클릭해 가입한 후 로그인합니다.

02 상단 메뉴에서 [프로그램]을 클릭하고 검색 창에서 '바로 쓰는 포토샵 AI'를 검색한 후 실습 파일을 다운받습니다.

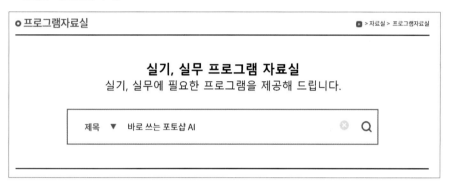

일러두기

- 이 책은 Photoshop CC 2024 버전을 기준으로 작업하였기 때문에 Photoshop CC 2024 이하 버전을 사용할 경우 포토샵의 사용자 환경(UI)이 책의 이미지와 다를 수 있습니다.

- 실습 예제에서 Generative Fill로 만든 이미지는 Firefly의 업데이트 상황에 따라 결과물에 약간의 임의성이 발생할 수 있어 똑같은 명령어를 입력해도 책에 수록된 이미지와 다르게 생성될 수 있습니다.

- 예제에서 사용하는 폰트는 Adobe 제품을 구독하는 사람들에게 무료로 제공되는 Adobe Fonts를 사용했습니다.

▲ 자연스러운 인물 보정하기 p.30

▲ 드라마틱한 풍경 보정하기 p.41

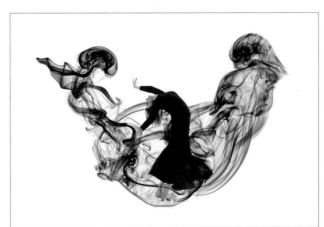

▲ 투명한 물체 합성하기 p.84

▲ 동그란 행성 세계 표현하기 p.94

▲ 타이포그래피에 금속 질감 입히기 p.114

▲ 여러 장의 이미지 자연스럽게 합성하기 p.58

▲ 다양한 질감 합성하기 p.127

▲ 초현실주의 콜라주 배경화면 만들기 p.140

▲ 로맨틱 판타지 소설 북커버 & 시뮬레이션 목업 만들기 p.158

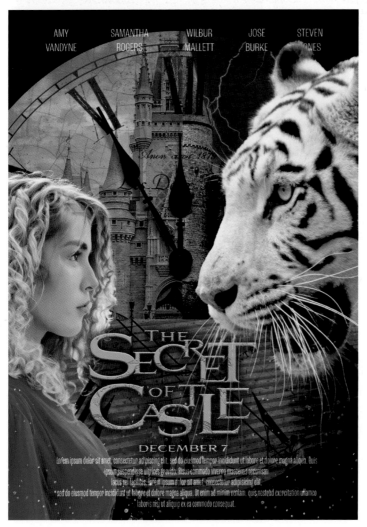

▲ 판타지 영화 포스터 만들기 p.202

포토샵 보정과
합성의 기본

CHAPTER

01

새로워진 포토샵과 Firefly 소개

포토샵은 Adobe 소프트웨어 중 대중들에게 가장 잘 알려져 있는 그래픽 프로그램으로 매년 새로운 기능이 추가되고 있습니다. 2022년 '챗GPT'의 등장 이후 다양한 분야에서 AI 기능을 접목하고 있으며 Adobe는 Firefly라는 이름의 생성형 AI 서비스를 탑재한 포토샵을 출시했습니다. 이번 챕터에서는 먼저 Firefly의 개념을 알아보고 새로워진 포토샵의 기능을 살펴보겠습니다.

01 Firefly와 Generative Fill

Firefly를 탑재한 포토샵은 '챗GPT'처럼 프롬프트 입력창을 제공해 단어나 문장을 입력하는 것만으로 디자인 작업에 필요한 이미지를 생성할 수 있습니다. 새로워진 포토샵으로 작업해 보기 전에 먼저 Firefly의 개념과 Generative Fill 기능에 대해 알아보겠습니다.

Firefly란?

Adobe는 포토샵이나 일러스트레이터와 같은 단순한 그래픽 프로그램뿐만 아니라 다양한 서비스를 제공하고 있습니다. 서비스의 종류는 크게 디자인 및 창작에 관한 솔루션을 제공하는 'Creative Cloud'와 광고 및 마케팅 등에 관한 비즈니스 솔루션을 제공하는 'Experience Cloud' 그리고 PDF나 전자 서명 서비스를 제공하는 'Acrobat' 세 가지로 나뉩니다.

우리가 사용하는 포토샵은 Creative Cloud 서비스에 속한 프로그램입니다. Firefly는 Creative Cloud에서 사용할 수 있는 생성형 AI로 Photoshop, Illustrator, Adobe Express, Adobe Stock에서 사용할 수 있습니다.

▲ Adobe 홈페이지 상단 메뉴에 구분되어 있는 서비스

생성형 AI는 텍스트, 오디오, 이미지 등과 같은 기존의 콘텐츠를 활용해 유사한 콘텐츠를 새롭게 만드는 인공지능 기술로 'Generative AI'라고도 불립니다. 기준이 되는 콘텐츠의 패턴을 학습해 스스로 새로운 콘텐츠를 만들어 내는 것입니다. Firefly는 공개 라이선스 작품이나 저작권이 만료된 공개 도메인 콘텐츠 또는 Adobe Stock의 이미지 등을 학습하고 있습니다.

▲ Adobe 홈페이지 상단 메뉴에 구분되어 있는 AI 서비스

Adobe는 10년에 걸쳐 AI 서비스인 'Adobe Sensei(어도비 센세이)'를 개발했으며 Firefly가 출시되기 전부터 Sensei를 이용해 AI 서비스를 제공해 왔습니다. 포토샵에서 자동으로 개체를 인식해 선택하는 Object Selection Tool(개체 선택 도구)이나 이미지를 자연스럽게 복구하는 Neural Filter와 같은 기능이 이에 해당됩니다. 따라서 Adobe의 AI 서비스를 크게 Sensei와 Generative AI 그리고 Firefly로 구분할 수 있습니다.

Adobe는 크리에이터의 고유한 스타일과 디자인을 학습해 콘텐츠를 생성하는 머신 러닝 모델을 계속해서 연구하고 있습니다. 머지 않아 AI와 함께 개인의 작품 특성을 반영한 작업을 할 수 있게 될 것으로 기대됩니다.

Contextual Task Bar란?

새로워진 포토샵에서 가장 달라진 점은 Contextual Task Bar(상황별 작업 표시줄)가 추가된 것입니다. Contextual Task Bar에 텍스트를 입력해 원하는 이미지를 생성하는 Generative Fill(생성형 채우기) 기능을 사용할 수 있습니다. 작업에 따라 도구가 달라지는 Contextual Task Bar를 살펴볼까요?

선택 영역이 있을 때

작업 화면에 선택 영역이 있을 때 Contextual Task Bar(상황별 작업 표시줄)입니다.

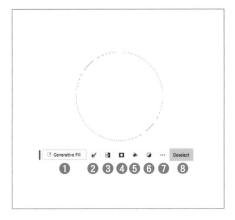

❶ 생성형 채우기
❷ 선택 영역 수정
❸ 선택 영역 반전
❹ 레이어 마스크 생성
❺ 색 칠하기
❻ 조정 레이어 생성
❼ 옵션
❽ 선택 해제

문자 레이어를 선택했을 때

작업 화면에서 문자 레이어를 선택했을 때 Contextual Task Bar(상황별 작업 표시줄)입니다.

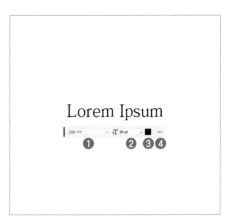

❶ 폰트
❷ 크기
❸ 색상
❹ 옵션

> **TIP** [옵션(⋯)] 버튼을 클릭해 Contextual Task Bar(상황별 작업 표시줄)의 위치를 고정하거나 숨길 수 있습니다.

Generative Fill 사용하기

Contextual Task Bar(상황별 작업 표시줄)에 있는 Generative Fill(생성형 채우기)의 사용 방법을 간단히 알아보겠습니다.

01 File(파일) – Open(열기) 명령으로 작업할 이미지를 불러옵니다. ❶ Rectangular Marquee Tool(사각형 선택 윤곽 도구, ▦)을 클릭하고 ❷ 이미지에서 변경할 부분을 클릭&드래그해 선택합니다. Contextual Task Bar(상황별 작업 표시줄)의 ❸ [Generative Fill(생성형 채우기)] 버튼을 클릭합니다.

02 ❶ 원하는 내용을 입력하고 ❷ [Ge
nerate(생성)] 버튼을 클릭합니다.
예제에서는 '돛단배'를 입력했습니다.

03 Properties(속성) 패널에서 생성된
이미지 중 마음에 드는 것을 선택합
니다.

04 마음에 드는 이미지가 없다면 ❶
[Generate(생성)] 버튼을 다시 클릭
해 ❷ 새로운 이미지를 생성합니다.

02 Generative Fill의 다양한 활용 방법

본격적인 실습에 앞서 다양한 예시를 통해 Generative Fill의 기능과 활용 방법을 알아보고 앞으로 개선이 필요한 부분을 살펴보겠습니다.

명령어 없이 이미지 편집하기

Generative Fill(생성형 채우기)에 명령어를 입력하지 않아도 이미지에서 편집할 부분의 영역을 지정한 후 [Generate(생성)] 버튼을 클릭하면 인공지능이 자동으로 이미지를 생성해 줍니다. 아래 그림은 명령어를 입력하지 않고 인공지능이 이미지를 생성해 준 예시입니다.

이미지 합치기

왼쪽에 있는 두 개의 이미지를 합치기 위해 선택 영역을 만들고 [Generate(생성)] 버튼을 클릭합니다. 인공지능이 자연스럽게 이미지를 합쳐 주었습니다.

▲ 원본 이미지

▲ 인공지능이 합쳐 준 이미지

이미지에서 불필요한 부분 제거하기

왼쪽의 이미지에서 불필요해 보이는 기둥을 선택 영역으로 지정하고 [Generate(생성)] 버튼을 클릭합니다. 인공지능이 기둥을 지우고 기둥이 없어진 공간을 자연스럽게 채워 주었습니다.

▲ 원본 이미지　　　　　　　　　　　▲ 불필요한 요소를 제거한 이미지

이미지 늘리기

왼쪽에 있는 이미지를 늘리기 위해 Crop Tool(자르기 도구, 🔳)로 이미지의 규격을 키우고 Generative Expand(생성형 확장) 기능을 사용합니다. 인공지능이 자동으로 배경을 확장해 주었습니다.

▲ 원본 이미지　　　　　　　　　　　▲ 인공지능이 자동으로 배경을 늘려 준 이미지

그림자 만들기

왼쪽의 이미지에서 화분의 그림자를 만들기 위해 화분의 밑부분을 선택 영역으로 지정하고 [Generate(생성)] 버튼을 클릭합니다. 인공지능이 화분의 그림자를 자연스럽게 만들어 주었습니다.

▲ 원본 이미지

▲ 인공지능이 그림자를 만들어 준 이미지

명령어로 이미지 편집하기

Generative Fill(생성형 채우기)에 명령어를 입력하면 조금 더 구체적으로 이미지를 편집할 수 있습니다. 아래 그림은 명령어를 입력해 인공지능이 이미지를 생성해 준 예시입니다.

인물의 옷 변경하기

왼쪽의 이미지에서 인물의 옷을 변경하기 위해 빨간색 반팔티를 선택 영역으로 지정합니다. Generative Fill(생성형 채우기)에 '파란색 티셔츠'를 입력하고 [Generate(생성)] 버튼을 클릭하면 인물의 옷이 자연스럽게 변경됩니다.

▲ 원본 이미지

▲ 명령어를 입력해 옷을 변경한 이미지

인물의 머리 스타일 변경하기

왼쪽의 이미지에서 인물의 머리 스타일을 변경하기 위해 머리 부분을 선택 영역으로 지정합니다. Generative Fill(생성형 채우기)에 '갈색 긴 머리'를 입력하고 [Generate(생성)] 버튼을 클릭하면 인물의 머리 스타일이 자연스럽게 변경됩니다.

▲ 원본 이미지

▲ 명령어를 입력해 머리 스타일을 변경한 이미지

이미지에 요소 추가하기

왼쪽의 이미지에 축구공을 추가하기 위해 축구공을 넣을 위치를 선택 영역으로 지정합니다. Generative Fill(생성형 채우기)에 '축구공'을 입력하고 [Generate(생성)] 버튼을 클릭하면 이미지에 축구공이 추가됩니다.

▲ 원본 이미지

▲ 명령어를 입력해 요소를 추가한 이미지

피사체를 제외한 배경 이미지 변경하기

왼쪽의 이미지에서 거울을 제외한 배경 이미지를 변경하기 위해 거울을 선택 영역으로 지정한 후 반전시켰습니다. 그리고 Generative Fill(생성형 채우기)에 '검은색 벨벳 천'을 입력한 후 [Generate(생성)] 버튼을 클릭해 거울을 제외한 배경 이미지를 변경했습니다.

▲ 원본 이미지

▲ 명령어를 입력해 배경을 변경한 이미지

이미지의 부분 수정하기

왼쪽의 이미지에서 성 아랫부분을 호수로 바꾸기 위해 성 아랫부분을 선택 영역으로 지정합니다. Generative Fill(생성형 채우기)에 '호수'를 입력하고 [Generate(생성)] 버튼을 클릭해 성 아랫부분을 호수로 변경했습니다.

▲ 원본 이미지

▲ 명령어를 입력해 부분을 수정한 이미지

전체 이미지 생성하기

비어 있는 캔버스에 전체 이미지를 생성하기 위해 캔버스를 선택 영역으로 지정합니다. Generative Fill(생성형 채우기)에 '오후 2시의 카페'를 입력하고 [Generate(생성)] 버튼을 클릭하면 카페를 배경으로 한 전체 이미지가 생성됩니다.

▲ 빈 캔버스

▲ 명령어를 입력해 전체를 생성한 이미지

Generative Fill의 한계점

Generative Fill(생성형 채우기) 기능을 이용해 작업의 효율을 높이고 창의적인 디자인의 결과물을 얻을 수 있지만 아직 개선이 필요한 부분도 많이 있습니다. Generative Fill의 한계점을 알아보겠습니다.

실행할 때마다 달라지는 결과물

생각나는 대로 명령어를 입력하다 보면 우연히 마음에 드는 이미지가 생성될 수 있습니다. 하지만 생성형 이미지는 인공지능이 이미지를 만든 것이기 때문에 계속해서 업데이트되는 인공지능 특성상 시간이 지나면 같은 명령어를 입력해도 100% 동일한 결과물을 얻을 수 없습니다. 만약 생성된 이미지가 마음에 들지 않는다면 마음에 드는 이미지가 나올 때까지 Properties(속성) 패널의 [Generate(생성)] 버튼을 반복해서 클릭합니다.

이미지 사이즈의 한계

Generative Fill(생성형 채우기) 기능으로 이미지를 생성할 때 아직까지는 '1024 px' 이하의 영역에서만 이미지를 생성할 수 있습니다. 이보다 큰 영역을 지정해서 이미지를 생성하면 해상도가 떨어지기 때문에 유의해야 합니다.

부자연스러운 사람 & 동물 이미지

명령어를 입력해 사람이나 동물 이미지를 생성하면 양쪽 눈의 초점이 맞지 않거나 이목구비의 위치가 틀어져 보이는 등 다소 어색한 결과물이 나올 수 있습니다. 아래 그림과 같이 손톱과 치아 부분이 부자연스럽게 보이거나 동물의 털이 너무 매끄럽게 표현되어 인위적으로 보이는 등의 한계가 있습니다.

▲ 손톱과 치아 부분이 어색한 사람 이미지

▲ 털이 매끄럽게 표현되어 인위적인 동물 이미지

언어의 한계

Firefly는 Microsoft Translator에서 제공하는 번역 기계를 사용해 100개 이상의 언어로 프롬프트를 지원하고 있습니다. 하지만 언어마다 미묘한 차이로 인해 부정확하거나 전혀 다른 콘텐츠가 생성되는 경우가 종종 있습니다.

예를 들어 이미지의 일부를 지우기 위해 영역을 선택한 후 한글로 '제거'를 입력하면 뜬금없이 강아지나 알 수 없는 고철 덩어리 등의 이미지가 생성됩니다. 이런 경우 영어로 'remove', 'without' 등을 입력하면 원하는 대로 지워지는 것을 확인할 수 있습니다.

▲ 원본 이미지

▲ 명령어 '제거'를 입력한 이미지

▲ 명령어 'remove'를 입력한 이미지

완벽한 구체 및 정다면체 표현 불가

Generative Fill(생성형 채우기)로 둥근 물체나 정다면체의 이미지를 생성하면 찌그러지거나 디테일이 떨어지는 결과물이 나올 수 있습니다. 아래 그림과 같이 바퀴 내부의 스포크가 찌그러져 있거나 주사위에 있는 숫자가 맞지 않는 등의 한계가 있습니다.

▲ 바퀴의 스포크가 찌그러진 이미지

▲ 주사위의 숫자 디테일이 떨어지고 찌그러진 이미지

반투명한 이미지 표현 불가

무지개나 쉬폰 소재 등의 반투명한 이미지를 제대로 생성하지 못하고 부자연스러운 그래픽으로 표현하는 한계가 있습니다. 반투명한 이미지는 되도록 Generative Fill(생성형 채우기)을 사용하지 않고 직접 합성하는 것이 좋습니다.

▲ 원본 이미지

▲ 명령어 '무지개'를 입력한 이미지

CHAPTER
02

이미지 보정하기

이미지 보정하기는 포토샵의 핵심 기능입니다. 사진을 찍고 포토샵으로 얼굴의 잡티를 제거하거나 어둡게 나온 사진의 밝기를 보정하는 작업을 많이 봐왔을 것입니다. 이번 챕터에서는 새로워진 포토샵의 기능을 활용해 인물 사진을 자연스럽게 보정하는 방법과 풍경 사진을 드라마틱하게 보정하는 방법을 알아보겠습니다.

01 자연스러운 인물 보정하기

인물 사진은 얼굴이 어색해지지 않도록 자연스럽게 보정하는 것이 중요합니다. 예제를 통해 밝기 보정 및 잡티 제거와 같은 기본적인 보정 방법부터 인물의 옷을 변경하는 등 인공지능을 활용한 보정 방법까지 알아보겠습니다.

미리보기

■ 예제파일 P01\Ch02\01\인물 보정.jpg
■ 완성파일 P01\Ch02\01\인물 보정_완성.psd

밝기 보정 및 잡티 제거하기

먼저 이미지의 밝기를 보정하고 인물의 잡티나 잔머리 등을 제거하겠습니다.

01 ❶ File(파일) – ❷ Open(열기)을 클릭해 ❸ '인물 보정.jpg'를 불러옵니다.

02 이미지의 밝기를 조정하기 위해 ❶ Image(이미지) – ❷ Adjustments (조정) – ❸ Shadows/Highlights (어두운 영역/밝은 영역)를 클릭합니다.

03 ❶ Shadows(어두운 영역)의 Amount(양)를 '50%'로 설정해 어두운 영역을 밝게 조정하고 ❷ [OK(확인)] 버튼을 클릭합니다.

04 피부에 있는 잡티와 잔머리를 없애기 위해 ❶ Spot Healing Brush Tool(스팟 복구 브러시 도구, ✏)을 마우스 오른쪽 버튼으로 클릭하고 ❷ Remove Tool(제거 도구, ✏)을 선택합니다.

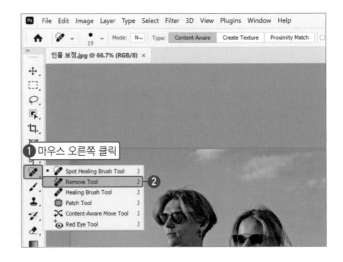

05 옵션바의 ❶ Remove after each stroke(각 획 처리 후 제거)를 체크하고 ❷ Alt 를 누른 상태에서 마우스 휠을 올려 캔버스를 확대한 후 ❸ 키보드의 [와] 를 눌러 마우스의 크기를 잡티보다 조금 더 크게 설정합니다. ❹ 잡티와 주름을 클릭&드래그해 제거합니다.

06 ❶~❷ 머리의 외곽을 따라 여러 번 클릭&드래그해 잔머리를 정리합니다.

> **TIP** 머리의 안쪽 부분을 클릭&드래그하면 두상이 뭉개질 수 있기 때문에 머리의 외곽을 따라 클릭&드래그해 디테일하게 잔머리를 제거합니다.

혼자 찍은 사진으로 보정하기 위해 이미지에서 남자 모델을 지우고 Generative Fill(생성형 채우기) 기능으로 배경을 채우겠습니다.

01 ❶ 키보드의 Q를 눌러 Quick Mask Mode(빠른 마스크 모드)를 활성화합니다. ❷ Brush Tool(브러시 도구, ✏️)을 클릭하고 ❸ 키보드의 [와]를 눌러 마우스의 크기를 조절합니다.

02 ❶ 전경색을 클릭하고 ❷ 색상을 '#000000'으로 설정한 후 ❸ [OK(확인)] 버튼을 클릭합니다.

03 남자가 포함된 영역을 모두 클릭&드래그해 칠합니다. 남자의 손가락, 그림자, 왼팔 등을 포함해서 칠해야 합니다.

04 ❶ Ctrl + I 를 눌러 영역을 반전시킵니다. ❷ 다시 키보드의 Q 를 눌러 Quick Mask Mode(빠른 마스크 모드)를 해제합니다.

TIP Quick Mask Mode(빠른 마스크 모드)에서 빨간색 부분이 선택되지 않은 영역이고 빨간색이 아닌 부분이 선택된 영역입니다. 흰색 브러시로 칠하면 선택 영역에 추가되고 검은색 브러시로 칠하면 선택 영역에서 제외됩니다.

05 여자의 가방을 선택 영역에서 제외하기 위해 ❶ Object Selection Tool(개체 선택 도구, ▦)을 마우스 오른쪽 버튼으로 클릭하고 ❷ Quick Selection Tool(빠른 선택 도구, ▨)을 선택합니다. ❸ 키보드의 [와] 를 눌러 마우스의 크기를 가방보다 살짝 작게 조절합니다.

06 옵션바의 ❶ ▨ 버튼을 클릭하고 ❷ 가방 부분을 클릭&드래그해 선택 영역에서 제외합니다.

07 Contextual Task Bar(상황별 작업 표시줄)의 [Generative Fill(생성형 채우기)] 버튼을 클릭합니다.

08 ❶ 'remove'를 입력한 후 ❷ [Generate(생성)] 버튼을 클릭합니다. Properties(속성) 패널에서 ❸ 마음에 드는 이미지를 고릅니다.

TIP 아직까지는 한글로 '제거'를 입력하면 다른 이미지가 생성되는 오류가 있어 영어로 입력하는 것을 추천합니다.

인물의 옷 변경하기

이번에는 Generative Fill(생성형 채우기) 기능으로 모델의 옷을 변경해 보겠습니다.

01 옷을 바꾸기 위해 ❶ 키보드의 Q를 눌러 Quick Mask Mode(빠른 마스크 모드)를 활성화합니다. ❷ Brush Tool(브러시 도구, ✏)을 클릭하고 ❸ 키보드의 [와]를 눌러 마우스의 크기를 조절합니다. ❹ 옷을 변경할 부분을 클릭&드래그해 칠합니다.

> **TIP** 반소매나 긴소매의 옷으로 바꿀 것이라면 소매로 가릴 부분을 모두 클릭&드래그합니다. 옷의 부피를 생각해 인물의 몸보다 더 넓게 칠하는 것이 좋습니다.

02 ❶ Ctrl + I를 눌러 영역을 반전시킵니다. ❷ 키보드의 [와]를 눌러 마우스의 크기를 작게 줄이고 ❸ 어깨의 가방끈 부분을 클릭&드래그해 선택 영역에서 제외합니다. 변경하고 싶지 않은 부분은 선택 영역에서 제외하는 것이 좋습니다.

03 ❶ 다시 키보드의 Q를 눌러 Quick
Mask Mode(빠른 마스크 모드)를
해제합니다. Contextual Task Bar
(상황별 작업 표시줄)의 ❷ [Gen
erative Fill(생성형 채우기)] 버튼을
클릭합니다.

04 ❶ '흰색 셔츠'를 입력한 후 ❷ [Generate(생성)] 버튼을 클릭합니다. Properties(속성) 패널에서 ❸ 마
음에 드는 이미지를 고릅니다.

05 ❶ Lasso Tool(올가미 도구, ＰＰ)
을 클릭하고 ❷ 벨트를 생성할 부
분을 클릭&드래그해 선택합니다.
Contextual Task Bar(상황별 작업
표시줄)의 ❸ [Generative Fill(생성
형 채우기)] 버튼을 클릭합니다.

06 ❶ '검은색 심플한 벨트'를 입력하고 ❷ [Generate(생성)] 버튼을 클릭한 후 Properties(속성) 패널에서 ❸ 마음에 드는 이미지를 고릅니다.

TIP 같은 방법으로 목걸이, 귀걸이 등의 악세사리를 추가할 수 있습니다.

07 ❶ Ctrl + Shift + Alt + E 를 눌러 모든 레이어를 병합한 레이어를 만듭니다. Layers(레이어) 패널에서 ❷ 'Layer 1(레이어 1)' 레이어의 이름을 더블 클릭하고 ❸ '왜곡'을 입력한 후 Enter 를 누릅니다.

08 ❶ Filter(필터) – ❷ Liquify(픽셀 유동화)를 클릭합니다.

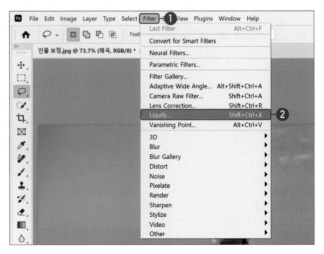

09 ❶ Forward Warp Tool(뒤틀기 도구, ▨)을 클릭합니다. 오른쪽 메뉴의 ❷ Pressure(압력)를 '30'으로 ❸ Density(밀도)를 '20'으로 설정하고 ❹ 키보드의 [와] 를 눌러 마우스의 크기를 조절합니다.

10 생성된 옷과 체형이 이상한 부분을 클릭&드래그해 보정합니다.

11 얼굴을 보정하기 위해 왼쪽 도구 상자의 ❶ Face Tool(얼굴 도구, ▨)을 클릭합니다. ❷ 코, 입, 얼굴 모양을 각각 클릭&드래그해 성형하고 ❸ [OK(확인)] 버튼을 클릭합니다.

12 자연스럽게 인물 보정하기를 완성
했습니다.

02 드라마틱한 풍경 보정하기

우리가 눈으로 보는 풍경을 사진으로는 담지 못하는 경우가 있습니다. 이번에는 밋밋하게 찍힌 풍경 사진을 드라마틱하게 보정하는 방법을 알아보겠습니다.

미리보기

■ 예제파일 P01\Ch02\02\풍경 보정.jpg
■ 완성파일 P01\Ch02\02\풍경 보정_완성.psd

이미지의 밝기와 색 보정하기

먼저 이미지의 밝기와 색을 보정하고 태양과 잘못 찍힌 부분을 제거하겠습니다.

01 File(파일) – Open(열기) 명령으로 '풍경 보정.jpg'를 불러옵니다.

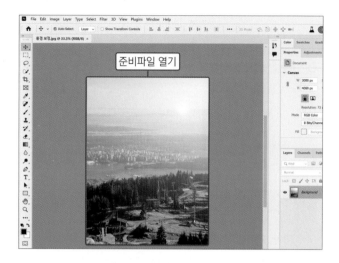

02 이미지의 밝기를 조정하기 위해 ❶ Image(이미지) – ❷ Adjustments (조정) – ❸ Shadows/Highlights(어두운 영역/밝은 영역)를 클릭합니다.

03 ❶ Shadows(어두운 영역)의 Amount(양)를 '3%'로 ❷ Highlights(밝은 영역)의 Amount(양)를 '35%'로 설정해 어두운 영역은 밝게, 밝은 영역은 어둡게 조정하고 ❸ [OK(확인)] 버튼을 클릭합니다.

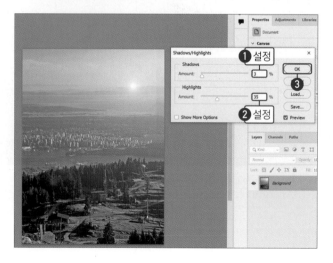

04 태양을 새로 만들기 위해 이미지에 있는 태양과 잘못 찍힌 부분은 제거하겠습니다. ❶ Spot Healing Brush Tool(스팟 복구 브러시 도구, ✏️)을 마우스 오른쪽 버튼으로 클릭하고 ❷ Remove Tool(제거 도구, ✏️)을 클릭합니다.

05 옵션바의 ❶ Remove after each stroke(각 획 처리 후 제거)를 체크합니다. ❷ 키보드의 [와]를 눌러 마우스의 크기를 태양보다 조금 더 크게 설정하고 ❸~❹ 태양과 이미지의 오른쪽 부분을 클릭&드래그해 제거합니다.

06 이미지의 밝기와 색을 보정하기 위해 Layers(레이어) 패널의 ❶ 조정 레이어 버튼(◑) – ❷ Curves(곡선)를 클릭합니다. Properties(속성) 패널에서 ❸ 그림과 같이 클릭&드래그해 밝기를 낮춥니다.

07 Properties(속성) 패널에서 ❶ RGB − ❷ Red(빨강)를 클릭합니다. ❸ 그림과 같이 클릭&드래그해 밝은 영역에는 빨간색을 빼고, 중간 영역과 어두운 영역에는 빨간색을 추가합니다. RGB는 전체 밝기를 조정하는 메뉴이고 Red(빨강), Green(초록), Blue(파랑)는 각각의 색을 조정하는 메뉴입니다.

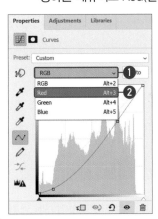

08 Properties(속성) 패널에서 ❶ Red(빨강) − ❷ Blue(파랑)를 클릭합니다. ❸ 그림과 같이 클릭&드래그해 밝은 영역에는 파란색을 빼고 어두운 영역에는 파란색을 추가합니다.

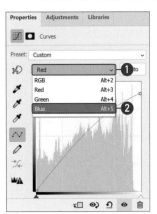

09 Layers(레이어) 패널의 ❶ 혼합 모드를 'Linear Burn(선형 번)'으로 ❷ Opacity(불투명도)를 '30%'로 설정합니다. 혼합 모드는 'Linear Burn(선형 번)'이 아닌 마음에 드는 것으로 설정해도 좋습니다.

10 하늘을 제외한 영역의 색을 한 번 더 보정하기 위해 Layers(레이어) 패널의 ❶ 조정 레이어 버튼(◑) − ❷ Curves(곡선)를 클릭합니다. Properties(속성) 패널에서 ❸ RGB − ❹ Green(초록)을 클릭합니다.

11 그림과 같이 클릭&드래그해 밝은 영역에는 초록색을 더하고 어두운 영역에는 초록색을 뺍니다.

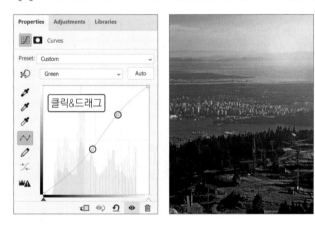

12 Layers(레이어) 패널에서 ❶ 'Curves 2(곡선 2)' 레이어의 레이어 마스크를 클릭합니다. ❷ 전경색을 클릭하고 ❸ 색상을 '#000000'으로 설정한 후 ❹ [OK(확인)] 버튼을 클릭합니다.

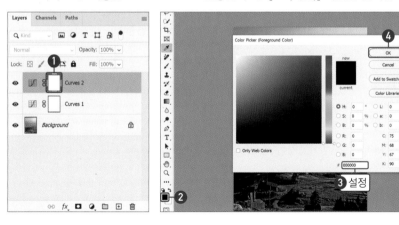

13 ❶ Brush Tool(브러시 도구, ✏️)을 클릭합니다. 옵션바의 ❷ 브러시 모양 버튼(💮)을 클릭하고 ❸ General Brushes(일반 브러시) – ❹ Soft Round(부드러운 원)를 클릭한 후 ❺ 키보드의 [와]를 눌러 마우스의 크기를 조절합니다.

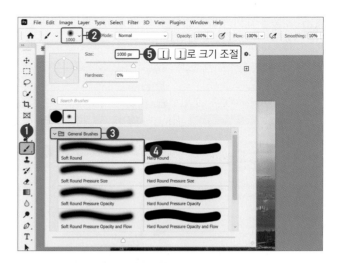

14 캔버스의 하늘 부분을 클릭&드래그해 'Curves 2(곡선 2)' 레이어를 가립니다.

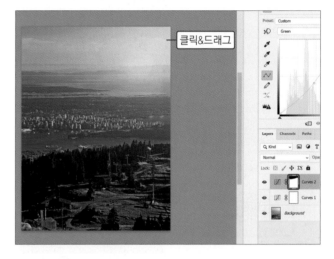

TIP 레이어 마스크가 검은색인 영역은 해당 레이어가 캔버스에 가려져 보이지 않습니다. 이미지 일부분의 색과 밝기를 보정할 때 레이어 마스크를 사용하면 편리합니다.

드라마틱한 연출을 위해 노을 지는 태양을 만들어 보겠습니다.

01 Layers(레이어) 패널의 ❶ 조정 레이어 버튼(◉) – ❷ Gradient(그레이디언트)를 클릭합니다. ❸ Style(스타일)을 'Radial(방사형)'로 ❹ Scale(비율)을 '50%'로 설정하고 ❺ 그레이디언트를 클릭합니다.

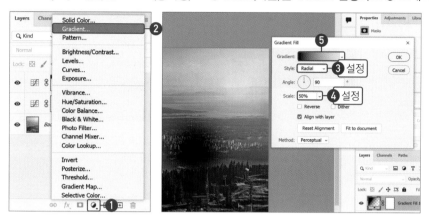

02 그레이디언트의 색상을 설정하기 위해 ❶ 왼쪽 아래에 있는 색연필을 클릭하고 ❷ Color(색상)를 클릭합니다. ❸ '#fff8ca'로 설정한 후 ❹ [OK(확인)] 버튼을 클릭합니다. ❺ Location(위치)에 '0'을 입력합니다.

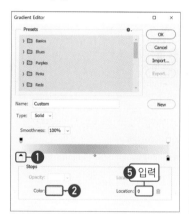

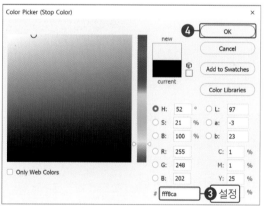

03 ❶ 오른쪽 아래에 있는 색연필을 클릭하고 ❷ Color(색상)를 클릭합니다. ❸ '#eb553f'로 설정한 후 ❹ [OK(확인)] 버튼을 클릭합니다. ❺ Location(위치)에 '6'을 입력합니다.

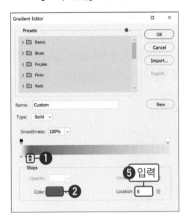
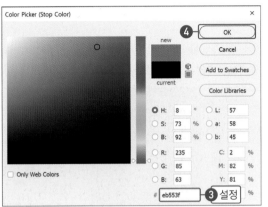

04 ❶ 두 색연필 사이에 있는 다이아몬드를 클릭하고 ❷ Location(위치)에 '23'을 입력합니다. 이렇게 하면 노란색 영역이 좁아져 태양의 모양을 조금 더 선명하게 만들 수 있습니다.

05 그레이디언트의 불투명도를 설정하기 위해 ❶ 왼쪽 위에 있는 색연필을 클릭하고 ❷ Opacity(불투명도)에 '100%'를 ❸ Location(위치)에 '0'을 입력합니다.

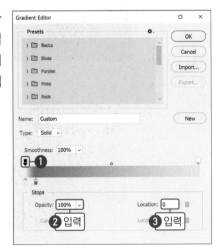

06 ❶ 오른쪽 위에 있는 색연필을 클릭하고 ❷ Opacity(불투명도)에 '0%'를 ❸ Location(위치)에 '100'을 입력합니다. ❹~❺ 두 창의 [OK(확인)] 버튼을 각각 클릭합니다.

07 Layers(레이어) 패널에서 ❶ 'Gradient Fill 1(그레이디언트 칠 1)' 레이어의 축소판을 더블 클릭합니다. ❷ 캔버스를 클릭&드래그해 위치를 태양 쪽으로 옮깁니다. ❸ [OK(확인)] 버튼을 클릭합니다.

> **TIP** Gradient Fill(그레이디언트 칠)을 완성한 후에 축소판을 더블 클릭하면 위치를 수정할 수 있습니다.

08 ❶ Ctrl + J를 눌러 레이어를 복제하고 ❷ 'Gradient Fill 1 copy(그레이디언트 칠 1 복사)' 레이어의 축소판을 더블 클릭합니다. ❸ Scale(비율)을 '85%'로 설정하고 ❹ 그레이디언트를 클릭합니다.

09 그레이디언트의 색상을 설정하기 위해 ❶ 왼쪽 아래에 있는 색연필을 클릭하고 ❷ Color(색상)를 클릭합니다. ❸ '#ffff8e'로 설정한 후 ❹ [OK(확인)] 버튼을 클릭합니다. ❺ Location(위치)에 '0'을 입력합니다.

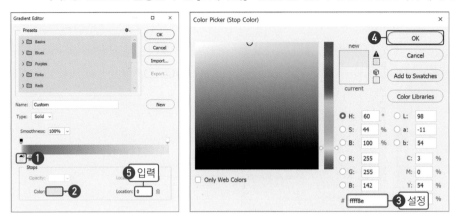

10 ❶ 오른쪽 아래에 있는 색연필을 클릭하고 ❷ Color(색상)를 클릭합니다. ❸ '#eb5336'으로 설정한 후 ❹ [OK(확인)] 버튼을 클릭합니다. ❺ Location(위치)에 '55'를 입력하고 ❻ [OK(확인)] 버튼을 클릭합니다.

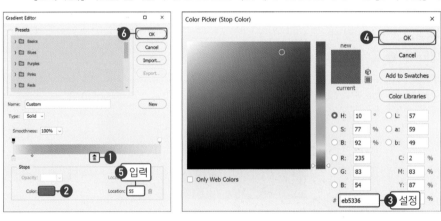

11 Gradient Fill(그레이디언트 칠) 창의 [OK(확인)] 버튼을 클릭합니다.

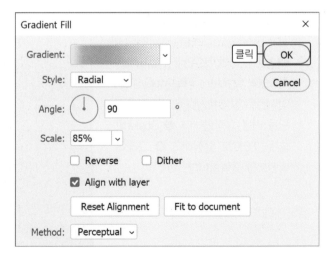

12 Layers(레이어) 패널에서 ❶ 혼합 모드를 'Screen(스크린)'으로 ❷ Opacity(불투명도)를 '80%'로 설정합니다.

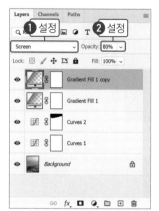 

13 ❶ 'Gradient Fill 1(그레이디언트 칠 1)' 레이어를 클릭하고 ❷ 혼합 모드를 'Color Burn(색상 번)'으로 ❸ Opacity(불투명도)를 '80%'로 설정합니다.

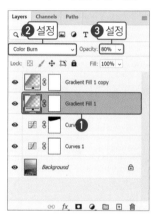 

14 바다에 넘치는 부분을 가리기 위해 ❶ Rectangular Marquee Tool(사각형 선택 윤곽 도구, ▢)을 클릭하고 ❷ 수평선의 아랫부분을 클릭&드래그해 선택합니다.

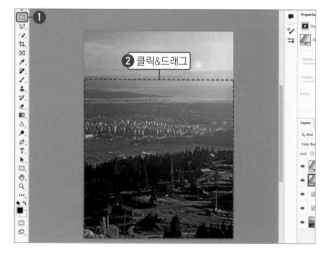

15 ❶ 전경색을 클릭하고 ❷ 색상을 '#000000'으로 설정한 후 ❸ [OK (확인)] 버튼을 클릭합니다.

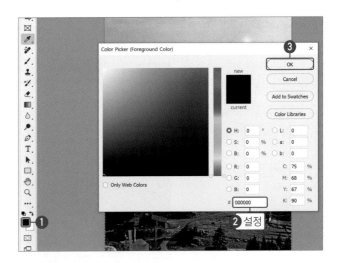

16 ❶ 'Gradient Fill 1(그레이디언트 칠 1)' 레이어의 레이어 마스크를 클릭하고 ❷ Alt + Delete 를 눌러 전경색을 채운 후 ❸ Ctrl + D 를 눌러 선택 영역을 해제합니다.

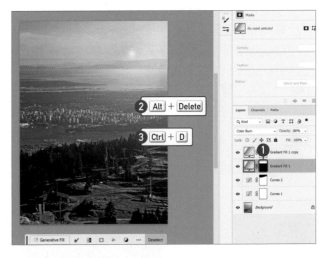

17 ❶ 전경색을 클릭하고 ❷ 색상을 '#ffffff'로 설정한 후 ❸ [OK(확인)] 버튼을 클릭합니다.

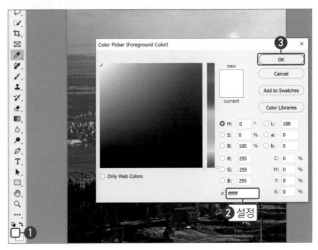

18 경계선을 부드럽게 만들기 위해 ❶ Brush Tool(브러시 도구, ✏️)을 클릭합니다. 옵션바의 ❷ 브러시 모양 버튼(●)을 클릭하고 ❸ General Brushes(일반 브러시) – ❹ Soft Round(부드러운 원)를 클릭합니다. ❺ 키보드의 [와] 를 눌러 마우스의 크기를 조절합니다.

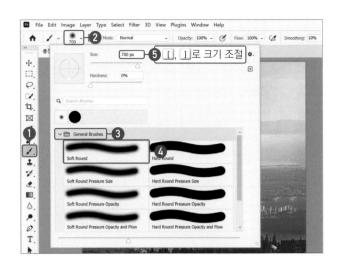

19 그림과 같이 마우스가 수평선을 살짝 넘어간 상태에서 여러 번 클릭해 칠합니다.

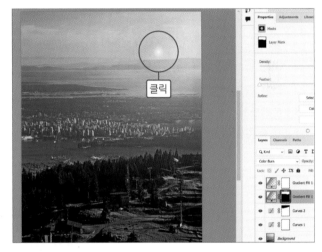

20 Layers(레이어) 패널에서 ❶ 'Gradient Fill 1(그레이디언트 칠 1)' 레이어를 클릭하고 ❷ 'Gradient Fill 1 copy(그레이디언트 칠 1 복사)' 레이어를 Shift 를 누른 상태로 클릭해 중복 선택합니다. ❸ Ctrl + G 를 눌러 그룹으로 묶고 ❹ 그룹 레이어의 이름을 더블 클릭합니다. ❺ 'Sun'을 입력한 후 Enter 를 누릅니다.

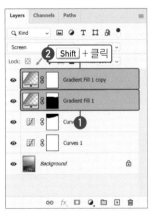

21 해수면에 반사된 태양을 만들기 위해 ❶ Ctrl + J 를 눌러 'Sun' 그룹 레이어를 복제합니다. ❷ 'Sun copy(Sun 복사)' 그룹 레이어를 'Sun' 그룹 레이어 아래로 클릭&드래그해 순서를 바꾸고 ❸ 'Sun copy(Sun 복사)' 그룹 레이어의 〉 버튼을 클릭해 엽니다.

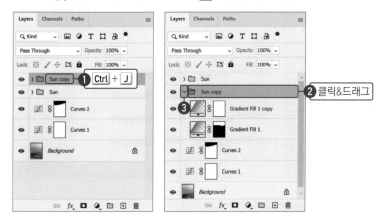

22 ❶ 'Gradient Fill 1 copy(그레이디언트 칠 1 복사)' 레이어의 축소판을 더블 클릭하고 ❷ 캔버스를 클릭&드래그해 바다쪽으로 위치를 옮긴 후 ❸ [OK(확인)] 버튼을 클릭합니다.

23 Opacity(불투명도)를 '50%'로 설정합니다.

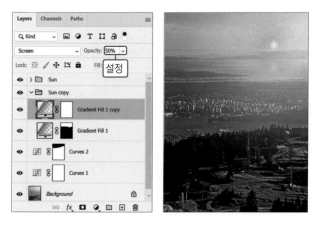

24 ❶ 'Gradient Fill 1(그레이디언트 칠 1)' 레이어의 레이어 마스크를 클릭하고 ❷ Alt + Delete 를 눌러 레이어 마스크를 전경색으로 칠합니다. ❸ Opacity(불투명도)를 '20%'로 설정합니다.

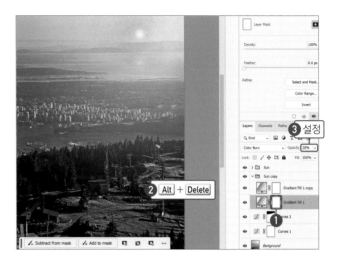

25 ❶ 'Gradient Fill 1(그레이디언트 칠 1)' 레이어의 축소판을 더블 클릭하고 ❷ 캔버스를 클릭&드래그해 바다쪽으로 위치를 옮깁니다. ❸ [OK(확인)] 버튼을 클릭합니다.

26 풍경 사진을 드라마틱하게 보정했습니다.

CHAPTER
—
03

합성하고
왜곡하기

이미지의 합성과 왜곡은 포토샵의 꽃이라 할 수 있는 핵심 기능입니다. 하지만 포토샵이 익숙하지 않은 상태에서는 이미지를 자연스럽게 합성하고 왜곡하는 과정이 어렵게 느껴질 수 있습니다. 이번 챕터에서는 포토샵의 기본 기능으로 자연스럽게 합성하고 왜곡하는 방법을 알아보고 Generative Fill을 활용해 어색한 부분을 간단하게 수정해 보겠습니다.

01 여러 장의 이미지 자연스럽게 합성하기

여러 장의 이미지를 자연스럽게 합성하기 위해 이미지에서 필요한 부분의 누끼를 따는 방법과 그림자를 만드는 방법을 알아보겠습니다. 이미지 각각의 색과 빛의 방향을 통일시키면 더욱 자연스럽게 합성할 수 있습니다.

미리보기

■ 예제파일 P01\Ch03\01\자연스럽게 합성하기 1.jpg, 자연스럽게 합성하기 2.jpg,
　자연스럽게 합성하기 3.jpg, 자연스럽게 합성하기 4.jpg
■ 완성파일 P01\Ch03\01\여러 장의 이미지 자연스럽게 합성하기_완성.psd

▶ 동영상 강의

하늘을 단색으로 채우고 섬의 조각 만들기

먼저 섬 이미지의 하늘 부분을 단색으로 채우고 섬의 일부를 조각 케이크처럼 잘라내겠습니다.

01 ❶ File(파일) – Open(열기) 명령으로 '자연스럽게 합성하기 1.jpg'를 불러옵니다. 하늘을 단색으로 채우기 위해 ❷ Select(선택) – ❸ Sky(하늘)를 클릭해 하늘을 선택합니다.

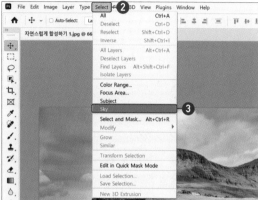

02 Layers(레이어) 패널의 ❶ 조정 레이어 버튼(◐) – ❷ Solid Color(단색)를 클릭합니다. ❸ 색상을 '#ffb243'으로 설정하고 ❹ [OK(확인)] 버튼을 클릭합니다.

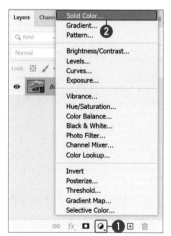
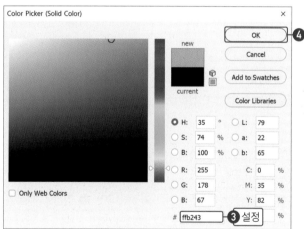

03 섬의 절벽 부분을 조각으로 자르기 위해 ❶ Lasso Tool(올가미 도구, ☐.)을 마우스 오른쪽 버튼으로 클릭하고 ❷ Magnetic Lasso Tool(자석 올가미 도구, ☐.)을 클릭합니다.

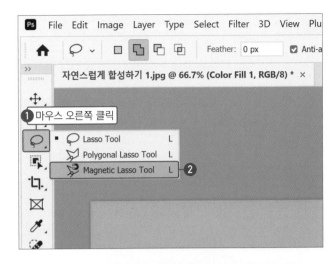

04 ❶ 그림과 같이 조각으로 자를 곳의 시작 부분을 클릭하고 ❷ 경계선을 따라 마우스를 옮기며 왼쪽 절벽 부분의 누끼를 땁니다.

> **TIP** 마우스를 클릭하면 고정점을 만들 수 있습니다. Backspace 를 누르면 고정점이 하나씩 삭제되고 Esc 를 누르면 전체 영역이 삭제됩니다.

05 절벽의 위쪽 부분은 직선으로 누끼를 따겠습니다. ❶ 직선을 시작할 지점을 Alt 를 누른 상태에서 클릭하고 ❷ 마우스를 오른쪽으로 옮긴 후 클릭합니다.

06 ❶ 다시 같은 점을 [Alt]를 누른 상태에서 클릭하고 ❷ 마우스를 왼쪽으로 옮긴 후 직선을 끝낼 지점을 클릭합니다.

07 조각으로 잘라낼 부분을 생각하며 ❶ 절벽과 해안선을 따라 마우스를 옮깁니다. ❷ 첫 번째 지점을 클릭해 선택을 완료합니다.

08 Layers(레이어) 패널에서 ❶ Background(배경) 레이어를 클릭하고 ❷ [Ctrl]+[Shift]+[J]를 눌러 레이어를 잘라냅니다.

09 ❶ 'Layer 1(레이어 1)' 레이어의 이름을 더블 클릭합니다. ❷ '조각 앞면'을 입력한 후 Enter 를 누릅니다.

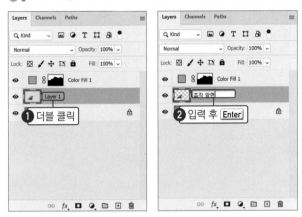

10 ❶ Ctrl 을 누른 상태에서 섬의 조각을 클릭&드래그해 위로 이동합니다. Layers(레이어) 패널에서 ❷ '조각 앞면' 레이어의 눈을 Alt 를 누른 상태에서 클릭해 해당 레이어의 눈을 켜고 ❸ 새 레이어 버튼 (🔲)을 클릭합니다.

11 ❶ Brush Tool(브러시 도구, 🖌️)을 마우스 오른쪽 버튼으로 클릭하고 ❷ Mixer Brush Tool(혼합 브러시 도구, 🖌️)을 클릭합니다.

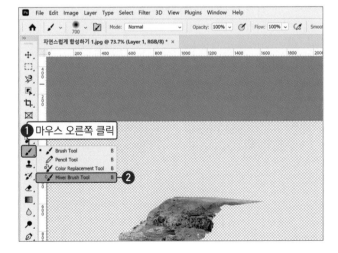

12 옵션바에 있는 ❶ ■ 버튼의 ☑ 버튼을 클릭하고 ❷ Clean Brush(브러시 정리)를 클릭합니다. ❸ ☑ 버튼을 클릭해 해제한 후 ❹ 브러시의 종류를 'Very Wet, Heavy Mix(매우 축축함, 두껍게 혼합)'로 설정하고 ❺ Sample All Layers(모든 레이어 샘플링)를 체크합니다.

13 ❶ 브러시 모양 버튼(●)을 클릭하고 ❷ General Brushes(일반 브러시) – ❸ Hard Round(선명한 원)를 클릭합니다. ❹ 키보드의 [와] 를 눌러 마우스의 크기를 섬의 조각보다 살짝 작게 조절합니다.

14 ❶ 조각의 윗부분을 클릭하고 ❷ Shift 를 누른 상태에서 오른쪽으로 드래그해 직선으로 칠합니다. ❸ 여러 번 칠해 조각의 옆면을 만듭니다.

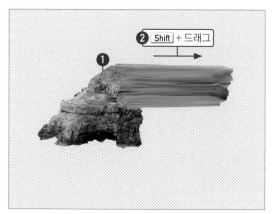 

15 Layers(레이어) 패널에서 ❶ 모든 레이어의 눈을 클릭해 켜고 ❷ 'Layer 1(레이어 1)' 레이어의 이름을 더블 클릭합니다. ❸ '조각 옆면'을 입력한 후 Enter를 누릅니다. ❹ '조각 옆면' 레이어를 클릭&드래그 해 '조각 앞면' 레이어 아래에 배치합니다.

16 ❶ Magnetic Lasso Tool(자석 올가미 도구, 🧲)을 마우스 오른쪽 버튼으로 클릭하고 ❷ Polygonal Lasso Tool(다각형 올가미 도구, 🔗)을 클릭합니다.

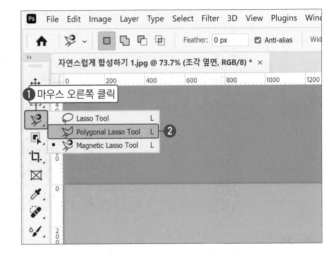

17 ❶ 그림과 같이 클릭해 조각에서 잘라낼 영역을 선택합니다. ❷ Delete를 눌러 삭제하고 ❸ Ctrl + D를 눌러 선택을 해제합니다.

 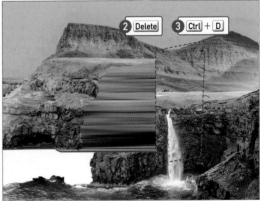

18 Layers(레이어) 패널에서 ❶ '조각 앞면' 레이어를 클릭하고 생동감 있는 색을 만들기 위해 ❷ Image(이미지) – ❸ Adjustments(조정) – ❹ Vibrance(활기)를 클릭합니다.

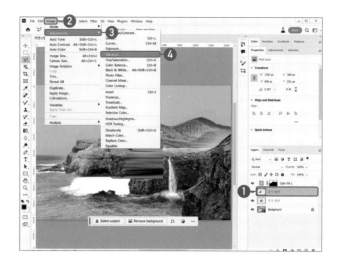

19 ❶ Vibrance(활기)를 '+100'으로 설정하고 ❷ [OK(확인)] 버튼을 클릭합니다.

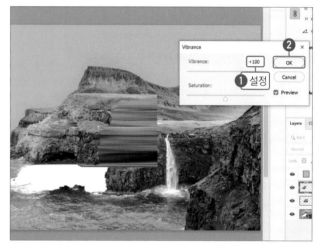

20 어두운 음영감을 만들기 위해 Layers(레이어) 패널에서 ❶ '조각 옆면' 레이어를 클릭하고 ❷ Image(이미지) – ❸ Adjustments(조정) – ❹ Levels(레벨)를 클릭합니다.

21 ❶ 그림과 같이 클릭&드래그하고 ❷ [OK(확인)] 버튼을 클릭합니다.

배경 보정하고 케이크 나이프 합성하기

섬의 조각을 제외한 배경을 보정하고 섬의 조각을 케이크 나이프로 들어 올리는 것처럼 합성하겠습니다.

01 배경의 밝기를 조정하기 위해 Layers(레이어) 패널에서 ❶ 'Background(배경)' 레이어를 클릭하고 ❷ Image(이미지) – ❸ Adjustments(조정) – ❹ Levels(레벨)를 클릭합니다.

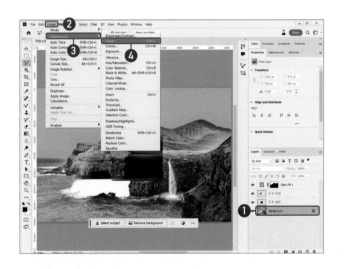

02 ❶ 그림과 같이 화살표를 클릭&드래그해 밝기를 어둡게 조정하고 ❷ [OK(확인)] 버튼을 클릭합니다.

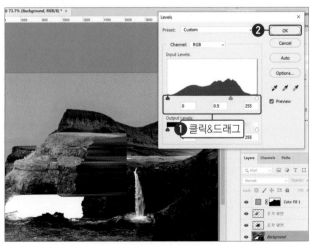

03 배경의 왼쪽과 오른쪽을 분리하기 위해 Layers(레이어) 패널에서 ❶ '조각 옆면'과 '조각 앞면' 레이어의 눈을 클릭해 끕니다. ❷ Polygonal Lasso Tool(다각형 올가미 도구, ▨)을 클릭하고 ❸ 그림과 같이 클릭해 오른쪽 배경에 해당하는 부분을 선택합니다.

04 ❶ Object Selection Tool(개체 선택 도구, ▣)을 마우스 오른쪽 버튼으로 클릭하고 ❷ Quick Selection Tool(빠른 선택 도구, ▨)을 클릭합니다. 옵션바의 ❸ ▨ 버튼을 클릭하고 ❹ 흰색 영역을 클릭&드래그해 선택 영역에서 제외합니다.

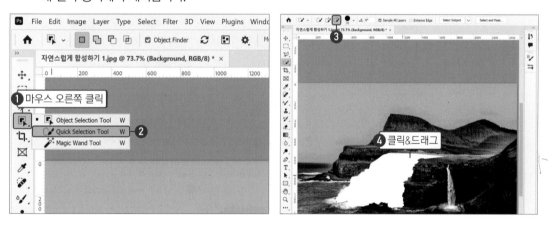

05 ❶ Ctrl + J를 눌러 선택된 영역의 레이어를 복제합니다. Layers(레이어) 패널에서 ❷ 'Layer 1(레이어 1)' 레이어를 클릭&드래그해 '조각 앞면' 레이어 위에 배치하고 ❸ '조각 옆면'과 '조각 앞면' 레이어의 눈을 클릭해 켭니다.

06 ❶ 'Layer 1(레이어 1)' 레이어의 이름을 더블 클릭하고 ❷ '오른쪽 배경'을 입력한 후 Enter 를 누릅니다.

07 File(파일) – Open(열기) 명령으로 '자연스럽게 합성하기 2.jpg'를 불러 옵니다.

08 ❶ Quick Selection Tool(빠른 선택 도구, ☑)을 마우스 오른쪽 버튼으로 클릭하고 ❷ Object Selection Tool(개체 선택 도구, ☑)을 클릭합니다.

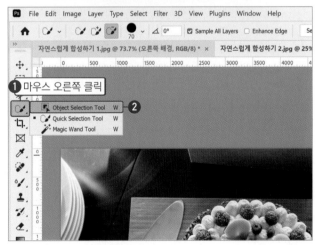

09 ❶ 케이크 나이프 부분에 마우스를 오버해 개체가 분홍색으로 인식되면 클릭하여 선택합니다. ❷ Ctrl + C를 눌러 케이크 나이프를 복사하고 ❸ 파일 탭의 [x] 버튼을 클릭해 파일을 닫습니다.

10 ❶ Ctrl + V를 두 번 눌러 붙여 넣고 Layers(레이어) 패널에서 ❷ 'Layer 1(레이어 1)' 레이어와 'Layer 2(레이어 2)' 레이어의 이름을 더블 클릭합니다. ❸ 각각 '그림자'와 '나이프'를 입력한 후 Enter를 누릅니다.

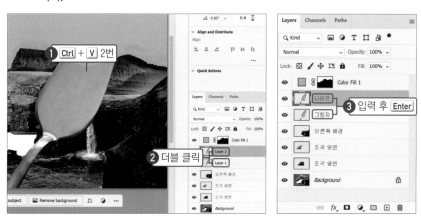

11 Layers(레이어) 패널에서 ❶ '나이프' 레이어를 클릭하고 ❷ Ctrl을 누른 상태에서 '그림자' 레이어를 클릭해 중복 선택합니다. ❸ Ctrl + T를 눌러 ❹ 그림과 같이 크기와 위치를 조절하고 ❺ Enter를 누릅니다.

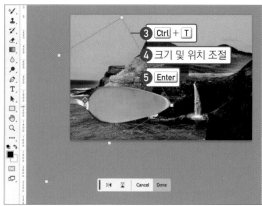

12 ❶ 다시 Ctrl + T 를 누르고 ❷ 변형 상자의 위쪽 가운데 점을 Shift 를 누른 상태에서 아래로 클릭&드래그해 가로로 납작하게 만든 후 ❸ Enter 를 누릅니다.

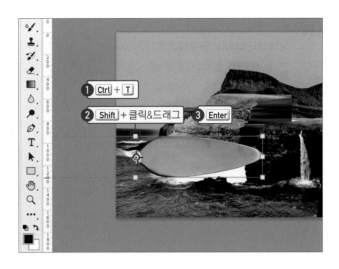

13 Layers(레이어) 패널에서 '나이프' 레이어와 '그림자' 레이어를 각각 클릭&드래그해 '조각 옆면' 레이어 아래에 배치합니다.

14 ❶ '그림자' 레이어를 클릭하고 ❷ Image(이미지) – ❸ Adjustments (조정) – ❹ Hue/Saturation(색조/채도)을 클릭합니다.

15 ❶~❸ 그림과 같이 설정한 후 ❹ [OK(확인)] 버튼을 클릭합니다.

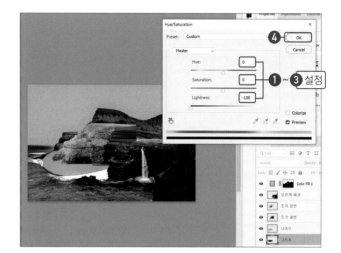

- Hue(색조): 0
- Saturation(채도): 0
- Lightness(밝기): –100

16 Layers(레이어) 패널에서 ❶ '나이프' 레이어를 클릭하고 ❷ Edit(편집) – ❸ Puppet Warp(퍼펫 뒤틀기)을 클릭합니다.

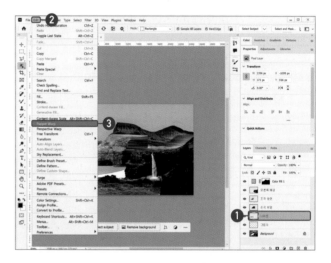

17 그림과 같이 클릭해 여러 개의 핀을 추가합니다.

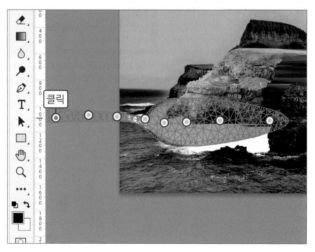

> **TIP** 왜곡하지 않을 부분은 핀이 밀집되게 만드는 것이 좋습니다. 잘못 만든 핀은 Delete 를 눌러 삭제합니다.

18 ❶ 왼쪽에 있는 핀을 그림과 같이 각각 클릭&드래그해 수정하고 ❷ Enter 를 눌러 완료합니다.

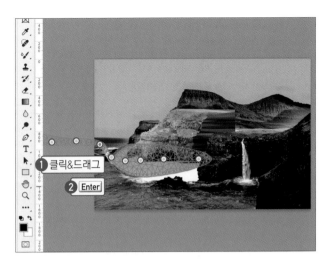

TIP 옵션바의 Show Mesh(메시 표시)를 체크 해제하면 그물망처럼 되어있는 메시를 끌 수 있습니다.

19 Layers(레이어) 패널에서 ❶ '그림자' 레이어를 클릭하고 ❷ Opacity(불투명도)를 '80%'로 설정합니다. ❸ Ctrl 을 누른 상태에서 캔버스에 있는 그림자를 아래로 클릭&드래그합니다.

20 ❶ Filter(필터) – ❷ Blur(흐림효과) – ❸ Gaussian Blur(가우시안 흐림효과)를 클릭합니다. ❹ Radius(반경)를 '50 Pixels'로 설정한 후 ❺ [OK(확인)] 버튼을 클릭합니다.

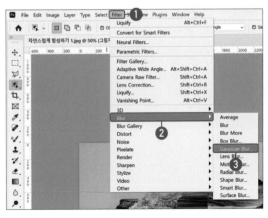

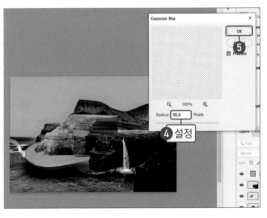

21 케이크 나이프 이미지 위에 섬 조각의 그림자를 그리기 위해 Layers(레이어) 패널에서 ❶ '나이프' 레이어를 클릭하고 ❷ 새 레이어 버튼(▣)을 클릭합니다.

22 ❶ Mixer Brush Tool(혼합 브러시 도구, ▨)을 마우스 오른쪽 버튼으로 클릭하고 ❷ Brush Tool(브러시 도구, ▨)을 클릭합니다. 옵션바의 ❸ 브러시 모양 버튼(●)을 클릭하고 ❹ General Brushes(일반 브러시) – ❺ Soft Round(부드러운 원)를 클릭합니다. ❻ 키보드의 [[]와 []]를 눌러 마우스의 크기를 조절합니다.

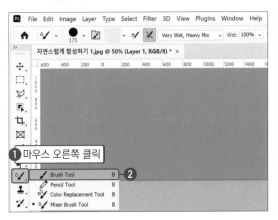
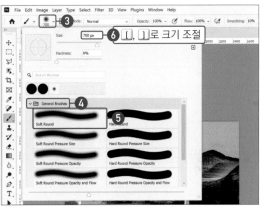

23 ❶ 전경색을 클릭하고 ❷ 색상을 '#000000'으로 설정한 후 ❸ [OK(확인)] 버튼을 클릭합니다.

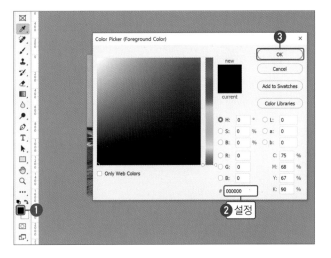

24 옵션바의 ❶ Opacity(불투명도)를 '30%'로 설정하고 ❷ 캔버스를 클릭&드래그해 칠합니다.

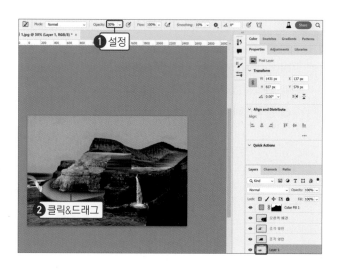

25 Layers(레이어) 패널에서 ❶ 'Layer 1(레이어 1)' 레이어의 이름을 더블 클릭합니다. ❷ '조각 그림자'를 입력한 후 Enter를 누릅니다.

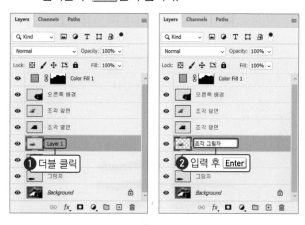

26 '조각 그림자' 레이어와 '나이프' 레이어의 사이를 Alt를 누른 상태에서 클릭해 클리핑 마스크를 만듭니다. 클리핑 마스크는 위에 있는 레이어를 아래에 있는 레이어에 집어넣는 액자 역할을 하기 때문에 섬조각의 그림자는 '나이프' 레이어에서만 보입니다.

27 ❶ '조각 앞면' 레이어를 클릭하고 ❷ 새 레이어 버튼(⊡)을 클릭합니다. ❸ 그림과 같이 캔버스를 클릭&드래그해 칠합니다.

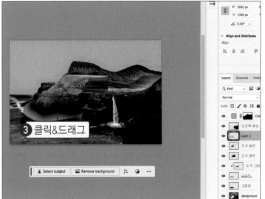

28 ❶ 'Layer 1(레이어 1)' 레이어의 이름을 더블 클릭합니다. ❷ '앞면 음영'을 입력한 후 [Enter] 를 누릅니다.

29 Layers(레이어) 패널에서 '조각 앞면' 레이어와 '앞면 음영' 레이어의 사이를 [Alt] 를 누른 상태에서 클릭해 클리핑 마스크를 만듭니다.

30 ❶ Rectangular Marquee Tool(사각형 선택 윤곽 도구, ▣)을 클릭하고 ❷ 케이크 나이프 이미지 아래에 흰 영역이 보이는 부분을 포함해 클릭&드래그합니다.

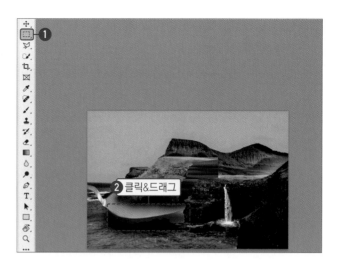

31 Layers(레이어) 패널에서 ❶ 'Background(배경)' 레이어를 클릭하고 ❷ 레이어의 눈을 Alt 를 누른 상태에서 클릭해 배경 레이어만 표시합니다. Contextual Task Bar(상황별 작업 표시줄)의 ❸ [Generative Fill(생성형 채우기)] 버튼을 클릭합니다.

32 ❶ [Generate(생성)] 버튼을 클릭한 후 Properties(속성) 패널에서 ❷ 마음에 드는 이미지를 고릅니다.

33 Layers(레이어) 패널에서 모든 레이어의 눈을 클릭해 켭니다.

클릭

34 ❶ '앞면 음영' 레이어를 클릭하고 ❷ Shift 를 누른 상태에서 '그림자' 레이어를 클릭해 중복 선택합니다. ❸ Ctrl + G 를 눌러 그룹으로 묶고 ❹ 그룹 레이어의 이름을 더블 클릭합니다. ❺ '조각'을 입력한 후 Enter 를 누릅니다.

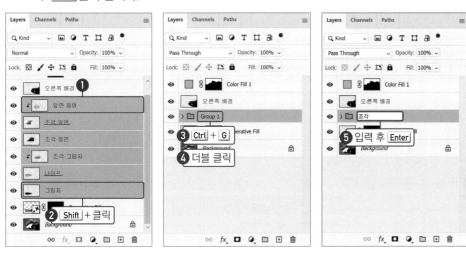

35 Layers(레이어) 패널에서 ❶ 조정 레이어 버튼(◑) − ❷ Exposure(노출)를 클릭합니다.

36 Properties(속성) 패널의 ❶ 클리핑 마스크 버튼(▣)을 클릭한 후 ❷~❹ 그림과 같이 설정해 대비를 높입니다.

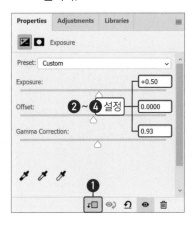

• Exposure(노출): +0.50
• Offset(오프셋): 0

• Gamma Correction(감마 보정): 0.93

사람의 손과 팔 합성하고 생성하기

사람의 손을 합성하고 Generative Fill(생성형 채우기)로 사람의 팔을 생성하겠습니다.

01 합성할 이미지를 가져오기 위해 Layers(레이어) 패널에서 'Color Fill 1(색상 칠 1)' 레이어를 클릭합니다.

02 ❶ File(파일) - ❷ Place Embedded(포함 가져오기)를 클릭하고 '자연스럽게 합성하기 3.jpg'를 불러옵니다. ❸ 크기와 위치를 조절하고 Contextual Task Bar(상황별 작업 표시줄)의 ❹ 버튼을 클릭해 이미지의 좌우를 반전한 후 ❺ Enter를 누릅니다.

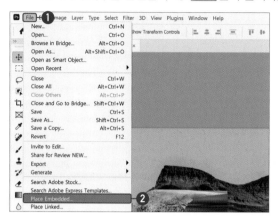

03 ❶ Object Selection Tool(개체 선택 도구,)을 클릭하고 옵션바의 ❷ 버튼을 클릭한 후 ❸ 손 부분에 마우스를 오버해 분홍색으로 개체가 인식되면 클릭하여 선택합니다. ❹ 컵과 우유 부분에도 마우스를 오버한 후 클릭하여 선택 영역을 추가합니다.

04 ❶ Ctrl + J를 눌러 레이어를 복제하고 Layers(레이어) 패널에서 ❷ '자연스럽게 합성하기 3' 레이어의 눈을 클릭해 끕니다.

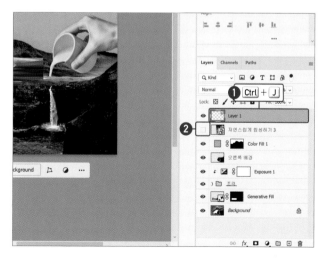

05 밝기를 낮추기 위해 ❶ Image(이미지) — ❷ Adjustments(조정) — ❸ Levels(레벨)를 클릭합니다.

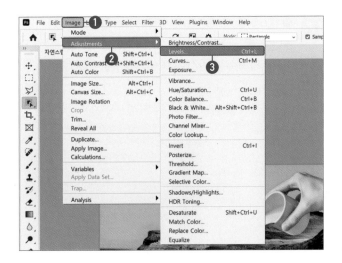

06 ❶ 그림과 같이 화살표를 클릭&드래그해 밝기를 어둡게 조정한 후 ❷ [OK(확인)] 버튼을 클릭합니다.

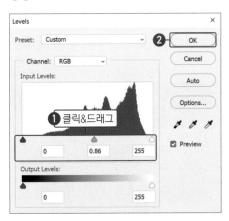

07 위치가 맞지 않는 부분을 수정하기 위해 ❶ Filter(필터) — ❷ Liquify(픽셀 유동화)를 클릭합니다.

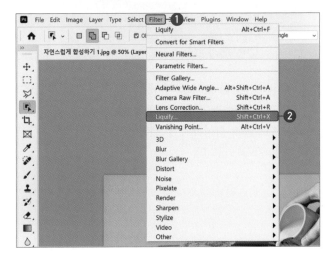

08 ❶ Forward Warp Tool(뒤틀기 도구, 🖐)을 클릭합니다. 오른쪽 메뉴의 ❷ Pressure(압력)를 '20'으로 ❸ Density(밀도)를 '40'으로 설정하고 ❹ 키보드의 [와]를 눌러 마우스의 크기를 조절합니다.

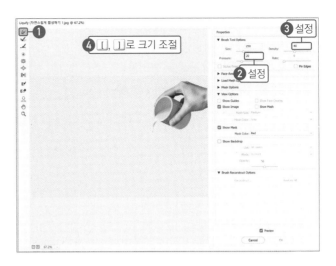

09 View Options(보기 옵션)의 ❶ Show Backdrop(배경 표시)을 체크하고 ❷ Opacity(불투명도)를 '10'으로 설정해 배경을 반투명하게 합니다.

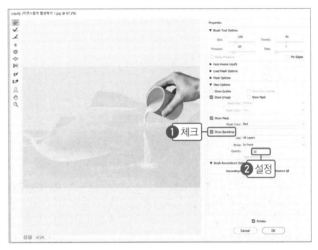

10 ❶ 클릭&드래그해 우유 줄기가 끝나는 부분을 폭포의 시작 부분에 맞추고 ❷ [OK(확인)] 버튼을 클릭합니다.

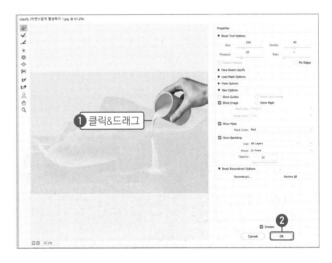

11 ❶ File(파일) – Place Embedded (포함 가져오기) 명령으로 '자연스럽게 합성하기 4.jpg'를 불러옵니다. ❷ 크기와 위치를 조절하고 ❸ Enter 를 누릅니다.

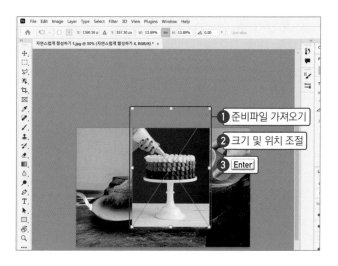

12 ❶ Object Selection Tool(개체 선택 도구, ⬚)을 마우스 오른쪽 버튼으로 클릭하고 ❷ Quick Selection Tool(빠른 선택 도구, ⬚)을 클릭합니다. ❸ 키보드의 [와] 를 눌러 마우스의 크기를 짤주머니보다 작게 조절하고 ❹ 짤주머니에서 나온 크림과 짤주머니를 잡고 있는 손을 클릭&드래그해 선택합니다.

13 Layers(레이어) 패널의 ❶ 레이어 마스크 버튼(⬚)을 클릭합니다. ❷ Ctrl 을 누른 상태에서 클릭&드래그해 언덕 부분에 크림을 짜는 것처럼 배치합니다.

14 짤주머니를 잡고 있는 손과 이어지는 팔을 생성하기 위해 ❶ Rectangular Marquee Tool(사각형 선택 윤곽 도구, ▦)을 클릭하고 ❷ 그림과 같이 클릭&드래그해 영역을 선택한 후 Contextual Task Bar (상황별 작업 표시줄)의 ❸ [Generative Fill(생성형 채우기)] 버튼을 클릭합니다.

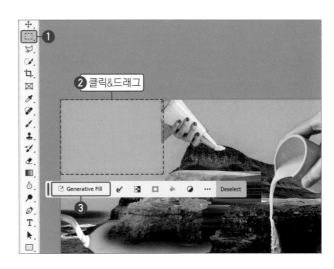

15 ❶ '손'을 입력하고 ❷ [Generate(생성)] 버튼을 클릭한 후 Properties (속성) 패널에서 ❸ 마음에 드는 이미지를 고릅니다.

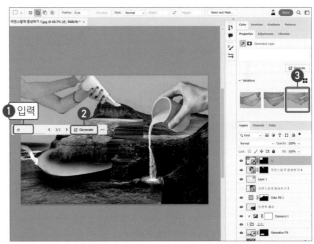

16 여러 장의 이미지 합성하기를 완성했습니다.

투명한 물체 합성하기

물이나 연기 또는 구름과 같이 형체가 없는 투명한 물체는 다른 이미지와 합성하기 까다롭습니다. 외곽선이 뚜렷하지 않아 누끼를 따기 어렵고 개체로 잘 인식되지 않기 때문입니다. 이렇게 형체가 없는 물체를 합성할 때 사용하기 좋은 포토샵의 기능을 알아보겠습니다.

미리보기

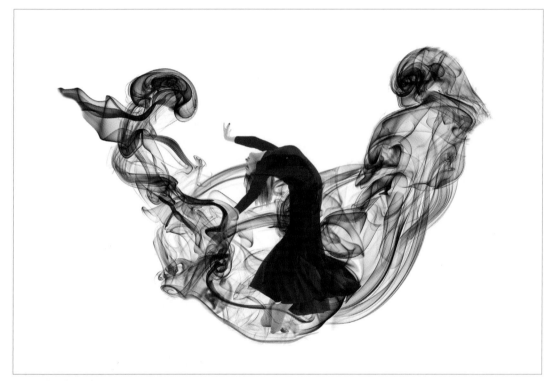

- 📁 예제파일 P01\Ch03\02\투명한 물체 합성하기 1.jpg, 투명한 물체 합성하기 2.jpg
- 📁 완성파일 P01\Ch03\02\투명한 물체 합성하기_완성.psd

인물의 포즈와 어울리는 옷으로 변경하기

형체가 뚜렷하지 않은 연기 이미지를 합성하기 전에 먼저 Generative Fill(생성형 채우기) 기능을 이용해 인물의 옷을 포즈와 어울리는 것으로 변경하겠습니다.

01 File(파일) – Open(열기) 명령으로 '투명한 물체 합성하기 1.jpg'를 불러옵니다.

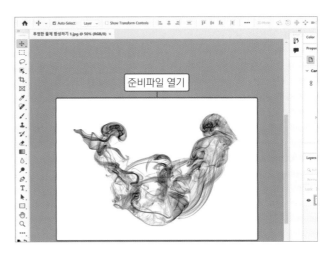

02 Ctrl + Shift + U 를 눌러 이미지를 흑백으로 보정합니다.

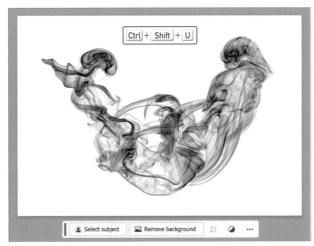

03 ❶ File(파일) – Place Embedded (포함 가져오기) 명령으로 '투명한 물체 합성하기 2.jpg'를 불러옵니다. ❷ 크기와 위치를 조절하고 ❸ Enter 를 누릅니다.

04 옷의 색상을 바꾸기 위해 ❶ Object Selection Tool(개체 선택 도구, 🔲)을 마우스 오른쪽 버튼으로 클릭하고 ❷ Quick Selection Tool(빠른 선택 도구, 🖌)을 클릭합니다.

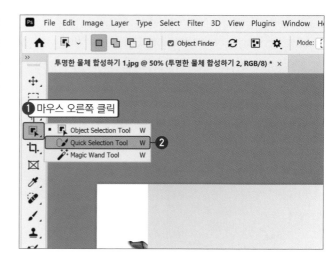

05 ❶ 키보드의 [와]를 눌러 마우스의 크기를 옷보다 살짝 작게 조절하고 ❷ 옷을 클릭&드래그해 선택합니다.

06 머리카락 부분을 선택 영역에서 제외하기 위해 옵션바의 ❶ 🖌 버튼을 클릭하고 ❷ 머리카락 부분을 클릭&드래그합니다.

07 Layers(레이어) 패널에서 ❶ 조정 레이어 버튼(⊙.) – ❷ Hue/Saturation(색조/채도)을 클릭합니다. Properties(속성) 패널에서 ❸~❻ 그림과 같이 같이 설정합니다.

- Colorize(색상화): 체크
- Hue(색조): 0

- Saturation(채도): 81
- Lightness(밝기): +16

TIP 검은색, 회색, 흰색과 같은 무채색은 Colorize(색상화)를 체크해야 유채색으로 변환할 수 있습니다. 검은색은 밝기가 낮은 상태이기 때문에 Lightness(밝기)를 올려야 색을 넣을 수 있고, 흰색은 밝기가 높은 상태이기 때문에 Lightness(밝기)를 낮춰야 색을 넣을 수 있습니다.

08 치마 모양을 바꾸기 위해 먼저 선택 영역을 지정하겠습니다. ❶ 키보드의 Q 를 눌러 Quick Mask Mode(빠른 마스크 모드)를 활성화하고 ❷ Ctrl + I 를 눌러 선택 영역을 반전시킵니다.

09 ❶ Brush Tool(브러시 도구, 🖌)을 클릭합니다. 옵션바의 ❷ 브러시 모양 버튼(●)을 클릭하고 ❸ General Brushes(일반 브러시) – ❹ Hard Round(선명한 원)를 클릭한 후 ❺ 키보드의 [와] 를 눌러 마우스의 크기를 조절합니다.

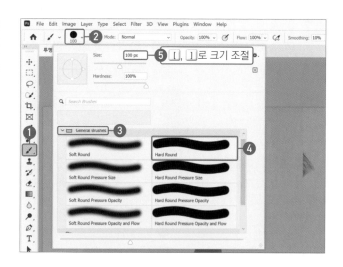

10 ❶ 전경색을 클릭하고 ❷ 색상을 '#ffffff'로 설정한 후 ❸ [OK(확인)] 버튼을 클릭합니다.

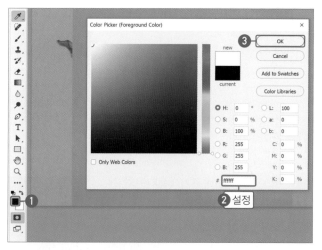

11 ❶ 바꾸고 싶은 치마 모양으로 클릭&드래그한 후 ❷ 다시 키보드의 Q 를 눌러 Quick Mask Mode(빠른 마스크 모드)를 해제합니다.

> **TIP** 이때 치마 모양을 너무 크게 잡으면 몸에 비해 큰 치마가 만들어지기 때문에 적당한 크기로 영역을 지정합니다. 예제의 이미지처럼 인물의 포즈가 독특하거나 팔이나 머리카락이 겹쳐있는 경우 부자연스러운 이미지가 생성될 수 있기 때문에 갈비뼈 부근부터 영역을 잡는 것이 좋습니다.

12 Contextual Task Bar(상황별 작업 표시줄)의 ❶ [Generative Fill(생성형 채우기)] 버튼을 클릭합니다. ❷ '펄럭이는 빨간 드레스'를 입력하고 ❸ [Generate(생성)] 버튼을 클릭한 후 Properties(속성) 패널에서 ❹ 마음에 드는 이미지를 고릅니다.

13 ❶ Rectangular Marquee Tool(사각형 선택 윤곽 도구, ▣)을 클릭하고 ❷ 이음새가 어색한 부분을 클릭&드래그해 선택합니다. Contextual Task Bar(상황별 작업 표시줄)의 ❸ [Generative Fill(생성형 채우기)] 버튼을 클릭합니다.

14 ❶ [Generate(생성)] 버튼을 클릭하고 Properties(속성) 패널에서 ❷ 마음에 드는 이미지를 고릅니다.

연기 이미지와 합성하기

마지막으로 형체가 뚜렷하지 않은 연기 이미지와 자연스럽게 합성해 보겠습니다.

01 Layers(레이어) 패널에서 ❶ '투명한 물체 합성하기 2' 레이어를 클릭하고 ❷ 'Generative Fill(생성형 채우기)' 레이어를 Shift 를 누른 상태에서 클릭해 중복 선택합니다. ❸ Ctrl + G 를 눌러 그룹으로 묶고 ❹ 그룹 레이어의 이름을 더블 클릭합니다. ❺ '사람'을 입력한 후 Enter 를 누릅니다.

02 사람의 누끼를 따기 위해 ❶ Quick Selection Tool(빠른 선택 도구,) 을 마우스 오른쪽 버튼으로 클릭하고 ❷ Object Selection Tool(개체 선택 도구,)을 클릭합니다.

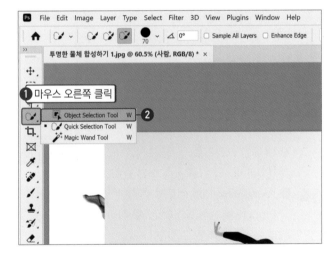

03 옵션바의 ❶ Sample All Layers(모든 레이어 샘플링)를 체크하고 ❷ 사람 부분에 마우스를 오버한 후 분홍색으로 뜰 때 클릭해 선택합니다.

04 Layers(레이어) 패널에서 레이어 마스크 버튼(◻)을 클릭합니다.

05 ❶ 'Background(배경)' 레이어를 클릭하고 ❷ Ctrl + J 를 눌러 복제합니다.

06 ❶ 복제한 레이어를 클릭&드래그해 '사람' 그룹 레이어 위에 배치합니다. ❷ 'Background copy(배경 복사)' 레이어의 빈 공간을 더블 클릭해 Layer Style(레이어 스타일) 창을 엽니다.

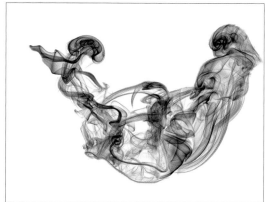

07 Current Layer(현재 레이어)의 흰색 화살표를 왼쪽으로 클릭&드래그해 현재 레이어의 밝은 부분이 캔버스에서 보이지 않게 합니다.

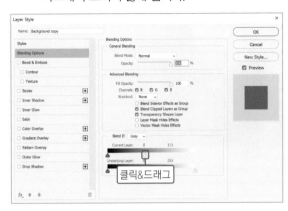 

TIP Current Layer(현재 레이어)의 검은색과 흰색 화살표는 현재 레이어의 밝기 영역입니다. 두 화살표 사이의 영역만 캔버스에 표시되고, 지금처럼 흰색 화살표를 왼쪽으로 클릭&드래그하면 현재 레이어의 밝은 부분이 캔버스에서 보이지 않습니다.

08 연기에 가려진 부분을 부드럽게 표시하기 위해 Current Layer(현재 레이어)의 오른쪽 흰색 화살표를 Alt 를 누른 상태에서 오른쪽으로 클릭&드래그합니다. 흰색 화살표가 두 개로 나눠지고 흰색 화살표 사이의 영역은 그라데이션처럼 자연스럽게 가려집니다.

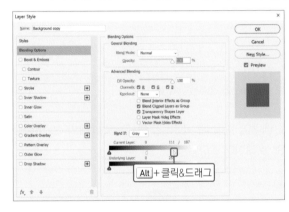 

09 ❶ Blend Mode(혼합 모드)를 'Multiply(곱하기)'로 ❷ Opacity(불투명도)를 '70%'로 설정하고 ❸ [OK(확인)] 버튼을 클릭합니다.

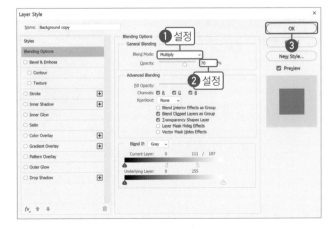

10 연기, 구름, 유리, 쉬폰 천 등의 형체가 뚜렷하지 않은 투명한 물체는 Blend If(혼합 조건)와 Blend Mode(혼합 모드)를 함께 사용해 자연스럽게 합성할 수 있습니다.

03

동그란 행성 세계 표현하기

파노라마로 촬영한 풍경 사진을 동그란 모양의 행성으로 만들어 볼까요? 하늘 이미지와 별 이미지를 자연스럽게 합성해 행성이 우주에 떠 있는 작품을 만들어 보겠습니다.

미리보기

■ 예제파일 P01\Ch03\03\동그란 행성 세계 표현하기 1.jpg, 동그란 행성 세계 표현하기 2.jpg, 동그란 행성 세계 표현하기 3.jpg
■ 완성파일 P01\Ch03\03\동그란 행성 세계 표현하기_완성.psd

먼저 파노라마로 찍은 풍경 사진을 왜곡해 동그란 모양의 행성으로 만들어 보겠습니다.

01 File(파일) – Open(열기) 명령으로 '동그란 행성 세계 표현하기 1.jpg' 를 불러옵니다.

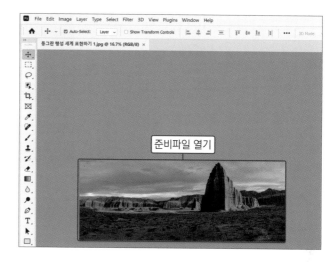

02 파노라마 이미지를 행성 모양으로 만들기 위해서는 이미지의 왼쪽과 오른쪽이 자연스럽게 이어져야 합니다. ❶ Filter(필터) – ❷ Other(기타) – ❸ Offset(오프셋)을 클릭합니다.

03 이미지의 오른쪽이 '5000 px'만큼 이동하도록 ❶ Horizontal(가로 방향)을 '5000 pixels right'으로 설정하고 ❷ [OK(확인)] 버튼을 클릭합니다.

04 경계선을 없애기 위해 ❶ Spot Healing Brush Tool(스팟 복구 브러시 도구, ✎)을 마우스 오른쪽 버튼으로 클릭하고 ❷ Remove Tool(제거 도구, ✎)을 클릭합니다.

05 ❶ 키보드의 [[]와 []]를 눌러 마우스의 크기를 조절하고 ❷~❸ 산맥과 땅의 경계선을 각각 클릭&드래그해 자연스럽게 이어 줍니다.

TIP 예제 이미지의 산맥 부분처럼 이어지는 부분이 부자연스러울 경우 클릭&드래그하는 것을 여러 번 반복해 보정합니다.

06 ❶ Image(이미지) − ❷ Image Size(이미지 크기)를 클릭합니다. ❸ 링크 버튼(🔗)을 클릭해 비율 고정을 해제하고 ❹ Width(폭)를 '3000 Pixels'로 설정한 후 ❺ [OK(확인)] 버튼을 클릭합니다.

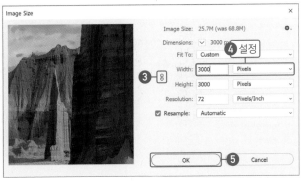

07 ❶ Image(이미지) − ❷ Image Rotation(이미지 회전) − ❸ Flip Canvas Vertical(캔버스 세로로 뒤집기)을 클릭해 이미지의 상하를 반전시킵니다.

08 ❶ Filter(필터) − ❷ Distort(왜곡) − ❸ Polar Coordinates(극좌표)를 클릭합니다.

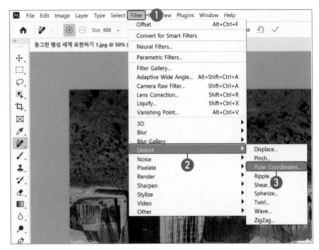

09 ❶ Rectangular to Polar(직교좌표를 극좌표로)를 클릭한 후 ❷ [OK(확인)] 버튼을 클릭합니다.

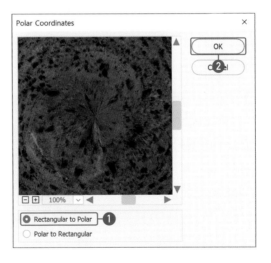

하늘과 별 이미지를 합성해 신비로운 우주 공간의 배경을 만들어 보겠습니다.

01 ❶ File(파일) – Place Embedded
(포함 가져오기) 명령으로 '동그란
행성 세계 표현하기 2.jpg'를 불러
옵니다. ❷ 크기와 위치를 조절하고
❸ Enter 를 누릅니다.

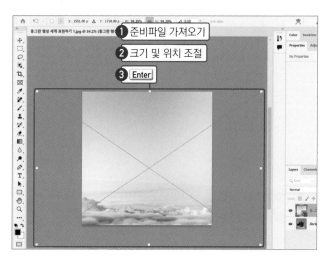

02 ❶ Image(이미지) – ❷ Adjust
ments(조정) – ❸ Levels(레벨)를
클릭합니다.

03 ❶ 그림과 같이 화살표를 클릭&드
래그해 밝기를 어둡게 조정하고 ❷
[OK(확인)] 버튼을 클릭합니다.

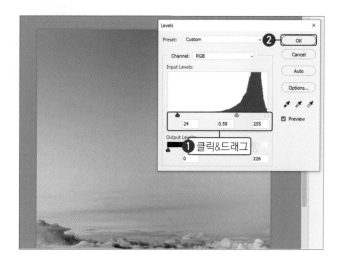

04 하늘 배경 이미지의 색을 보정하기 위해 Layers(레이어) 패널에서 ❶ 조정 레이어 버튼(◐) – ❷ Gradient Map(그레이디언트 맵)을 클릭합니다.

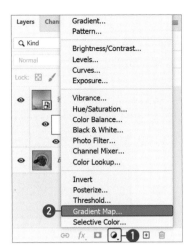

05 Properties(속성) 패널의 그레이디언트를 클릭합니다.

06 그레이디언트의 색상을 설정하기 위해 ❶ 왼쪽 아래에 있는 색연필을 클릭하고 ❷ Color(색상)를 클릭합니다. ❸ '#8673a5'로 설정한 후 ❹ [OK(확인)] 버튼을 클릭합니다. ❺ Location(위치)에 '55'를 입력합니다.

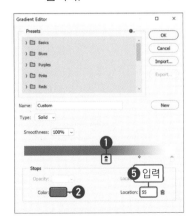

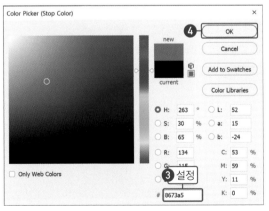

> **TIP** 그레이디언트의 왼쪽에 있는 색은 이미지의 어두운 부분에, 오른쪽에 있는 색은 이미지의 밝은 부분에, 가운데에 있는 색은 이미지의 중간 부분에 들어갑니다.

07 ❶ 오른쪽 아래에 있는 색연필을 클릭하고 ❷ Color(색상)를 클릭합니다. ❸ '#ffffff'로 설정한 후 ❹ [OK(확인)] 버튼을 클릭합니다. ❺ Location(위치)에 '100'을 입력합니다.

08 ❶ 두 화살표 사이를 클릭해 색상을 추가하고 ❷ Color(색상)를 클릭합니다. ❸ '#e88e17'로 설정한 후 ❹ [OK(확인)] 버튼을 클릭합니다. ❺ Location(위치)에 '80'을 입력하고 ❻ [OK(확인)] 버튼을 클릭합니다.

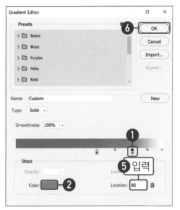 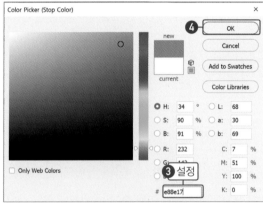

09 Layers(레이어) 패널의 ❶ 혼합 모드를 'Multiply(곱하기)'로 ❷ Opacity(불투명도)를 '70%'로 설정합니다.

10 별 이미지를 합성하기 위해 ❶ File
(파일) – Place Embedded(포함
가져오기) 명령으로 '동그란 행성
세계 표현하기 3.jpg'를 불러옵니
다. ❷ 크기와 위치를 조절하고 ❸
Enter 를 누릅니다.

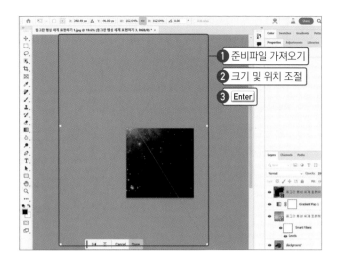

11 Layers(레이어) 패널의 혼합 모드를 'Screen(스크린)'으로 설정합니다.

12 구름과 겹쳐진 별 이미지의 아랫부
분을 가리기 위해 Layers(레이어)
패널의 레이어 마스크 버튼(⬚)을
클릭합니다.

13 ❶ Brush Tool(브러시 도구, ✎)을 클릭합니다. 옵션바의 ❷ 브러시 모양 버튼(●)을 클릭하고 ❸ General Brushes(일반 브러시) – ❹ Soft Round(부드러운 원)를 클릭합니다. ❺ 키보드의 [와]를 눌러 마우스의 크기를 조절합니다.

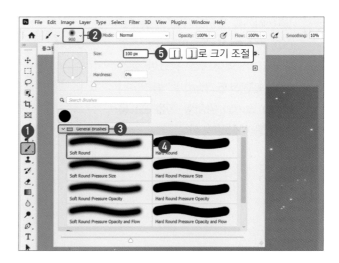

14 ❶ 전경색을 클릭하고 ❷ 색상을 '#000000'으로 설정한 후 ❸ [OK(확인)] 버튼을 클릭합니다.

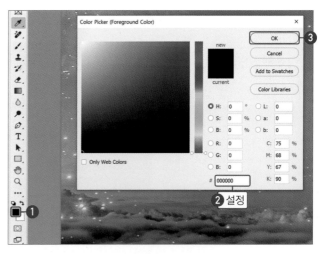

15 캔버스의 아랫부분을 클릭&드래그해 구름 부분에 별이 겹치지 않도록 가립니다.

16 푸른색을 추가하기 위해 Layers (레이어) 패널에서 ❶ '동그란 행성 세계 표현하기 3' 레이어의 축소판을 클릭하고 ❷ Image(이미지) – ❸ Adjustments(조정) – ❹ Color Balance(색상 균형)를 클릭합니다.

17 ❶ 그림과 같이 화살표를 클릭&드래그해 조정한 후 ❷ [OK(확인)] 버튼을 클릭합니다.

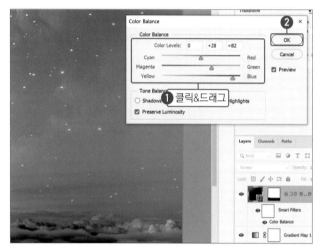

• Color Levels(색상 레벨): 0, +28, +82

완성된 배경과 행성 이미지를 자연스럽게 합성하겠습니다.

01 Layers(레이어) 패널에서 ❶ 'Background(배경)' 레이어를 클릭하고 ❷ Ctrl + J 를 눌러 복제합니다. ❸ 복제한 레이어를 클릭&드래그해 '동그란 행성 세계 표현하기 3' 레이어 위에 배치합니다.

02 행성의 누끼를 따기 위해 ❶ Object Selection Tool(개체 선택 도구, ⬚)을 클릭한 후 ❷ 행성 부분에 마우스를 오버하고 분홍색으로 뜰 때 클릭해 선택합니다.

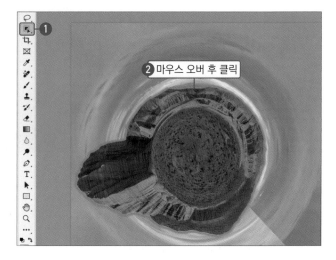

03 ❶ Select(선택) − ❷ Inverse(반전)를 클릭해 선택 영역을 반전합니다.

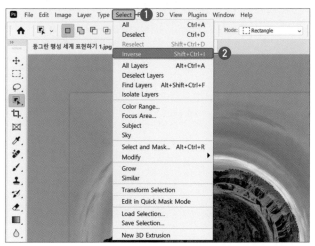

04 ❶ Delete 를 눌러 배경을 지우고 ❷ Ctrl + D 를 눌러 선택 영역을 해제합니다.

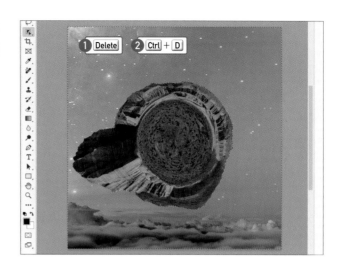

05 ❶ Ctrl + T 를 누르고 ❷ 변형 상자의 바깥쪽을 클릭&드래그해 그림과 같이 행성의 위치와 회전값을 조절한 후 ❸ Enter 를 누릅니다.

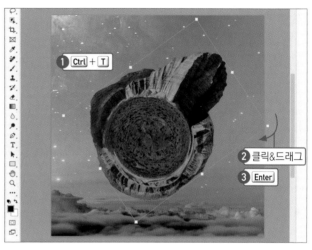

06 ❶ Rectangular Marquee Tool(사각형 선택 윤곽 도구, ▣)을 마우스 오른쪽 버튼으로 클릭한 후 ❷ Elliptical Marquee Tool(원형 선택 윤곽 도구, ◯)을 클릭합니다.

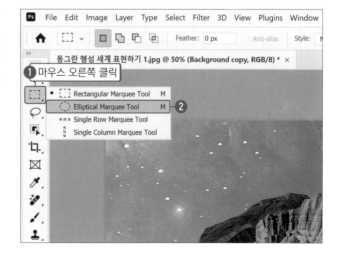

07 ❶ 행성에서 바꾸고 싶은 부분을 클릭&드래그해 선택하고 Contextual Task Bar(상황별 작업 표시줄)의 ❷ [Generative Fill(생성형 채우기)] 버튼을 클릭합니다.

08 ❶ [Generate(생성)] 버튼을 클릭한 후 Properties(속성) 패널에서 ❷ 마음에 드는 이미지를 고릅니다.

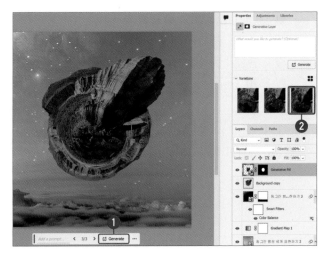

09 ❶~❹ 07~08을 한 번 더 반복합니다.

 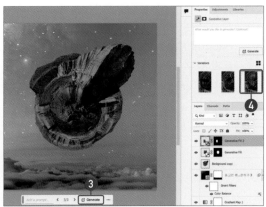

10 Layers(레이어) 패널에서 ❶ 'Background copy(배경 복사)' 레이어를 클릭하고 ❷ 'Generative Fill 2(생성형 채우기 2)' 레이어를 Shift 를 누른 상태에서 클릭해 중복 선택합니다. ❸ Ctrl + G 를 눌러 그룹으로 묶고 ❹ 그룹 레이어의 이름을 더블 클릭합니다. ❺ '행성'을 입력한 후 Enter 를 누릅니다.

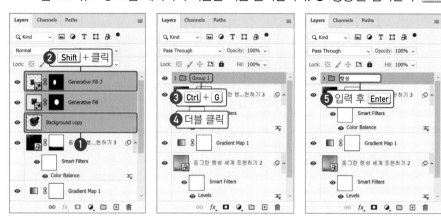

11 행성 이미지에 입체감을 주기 위해 ❶ '행성' 그룹 레이어의 빈 공간을 더블 클릭해 Layer Style(레이어 스타일) 창을 열어 줍니다. ❷ Inner Shadow(내부 그림자)를 클릭하고 ❸∼❽ 그림과 같이 설정한 후 ❾ [OK(확인)] 버튼을 클릭합니다.

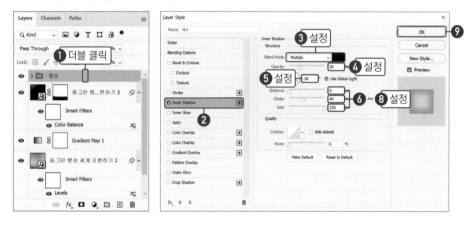

- Blend Mode(혼합 모드): Multiply(곱하기), #63220b
- Opacity(불투명도): 30%
- Angle(각도): −30°

- Distance(거리): 0 px
- Choke(경계 감소): 40%
- Size(크기): 250 px

12 행성의 색을 보정하기 위해 Layers
(레이어) 패널에서 ❶ 조정 레이어
버튼(◉) – ❷ Color Balance(색상
균형)를 클릭합니다.

13 Properties(속성) 패널에서 ❶ 그림과 같이 화살표를 클릭&드래그해 조정하고 ❷ 클리핑 마스크 버튼
(◰)을 클릭합니다.

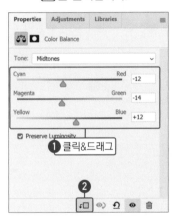

• Color Levels(색상 레벨)
: –12, –14, +12

TIP 조정 레이어와 칠 레이어는 Properties(속성) 패널의 클리핑 마스크 버튼(◰)을 클릭해 특정 레이어에 바로 넣을 수 있습니다.

---

14 행성에 음영을 주기 위해 ❶ 조정
레이어 버튼(◉) – ❷ Curves(곡선)
를 클릭합니다.

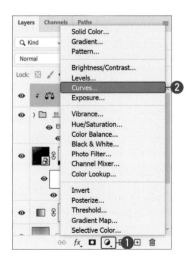

15 Properties(속성) 패널에서 ❶ 그림과 같이 클릭&드래그해 밝기를 올리고 ❷ 클리핑 마스크 버튼()을 클릭합니다.

16 행성의 일부에만 밝기 보정을 적용하기 위해 ❶ Ctrl + I 를 눌러 레이어 마스크를 검은색으로 반전시 킵니다. ❷ 전경색을 클릭하고 ❸ 색상을 '#ffffff'로 설정한 후 ❹ [OK(확인)] 버튼을 클릭합니다.

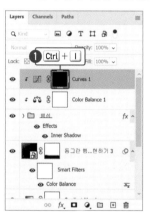

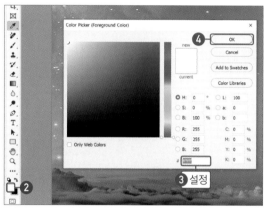

> **TIP** Ctrl + I 는 색을 반전시키는 단축키로 흰색을 검은색으로, 검은색을 흰색으로 바꿀 수 있습니다. 레이어 마스크를 검은색 으로 설정한 이유는 밝기 보정을 적용하고 싶은 부분만 흰색으로 칠하기 위함입니다.

17 ❶ Brush Tool(브러시 도구,) 을 클릭합니다. 옵션바의 ❷ 브러 시 모양 버튼()을 클릭하고 ❸ General Brushes(일반 브러시) – ❹ Soft Round(부드러운 원)를 클릭 합니다. ❺ 키보드의 [와] 를 눌 러 마우스의 크기를 조절하고 옵션 바의 ❻ Opacity(불투명도)를 '30%' 로 설정합니다.

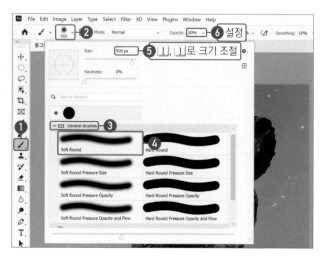

18 ❶ 행성의 왼쪽 윗부분을 여러 번 클릭&드래그해 밝게 처리합니다. ❷ 아랫부분도 한두 번 클릭&드래그해 반사광을 표현합니다.

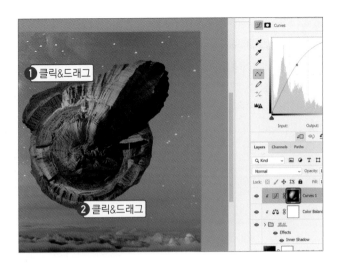

19 행성의 어두운 부분을 표현하기 위해 ❶ 조정 레이어 버튼(◑) − ❷ Curves(곡선)를 클릭합니다.

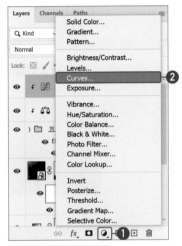

20 Properties(속성) 패널에서 ❶ 그림과 같이 클릭&드래그해 밝기를 낮추고 ❷ 클리핑 마스크 버튼(▣)을 클릭합니다.

21 행성의 일부에만 밝기 보정을 적용 하기 위해 ❶ Ctrl + I 를 눌러 레이 어 마스크를 검은색으로 반전시키 고 ❷ 행성의 오른쪽 아랫부분을 여 러 번 클릭&드래그해 어둡게 처리 합니다.

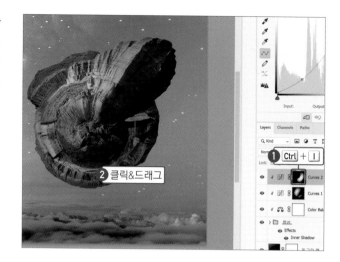

22 동그란 행성 세계 만들기를 완성했 습니다.

CHAPTER

—

04

질감 표현하기

질감은 이미지의 전체적인 느낌을 결정하는 중요한 요소입니다. 이번 챕터에서는 포토샵에서 질감을 만드는 방법과 이미지에 질감을 합성하는 방법 그리고 인공지능으로 질감을 생성하는 방법까지 모두 알아보겠습니다.

01 타이포그래피에 금속 질감 입히기

여러 가지 색상의 그레이디언트와 필터를 활용해 타이포그래피의 질감을 만들고 인공지능으로 녹슨 금속 질감을 생성하겠습니다. 타이포그래피에 질감을 입히는 방법을 알아두면 포스터나 목업 등을 만들 때 활용할수 있습니다.

미리보기

📂 완성파일 P01\Ch04\01\타이포그래피에 금속 질감 입히기_완성.psd

먼저 텍스트를 입력하고 그레이디언트와 필터를 사용해 금속 느낌의 타이포그래피를 만들어 보겠습니다.

01 텍스트를 입력할 캔버스를 만들기 위해 ❶ File(파일) – ❷ New(새로 만들기)를 클릭합니다.

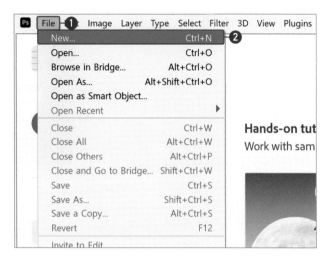

02 ❶~❺ 그림과 같이 설정하고 ❻ [Create(만들기)] 버튼을 클릭합니다.

- **Width(폭):** 1024 Pixels
- **Height(높이):** 512 Pixels
- **Resolution(해상도):** 72 Pixels/Inch
- **Color Mode(색상 모드):** RGB Color
- **Background Contents(배경 내용):** Black(검정)

03 ❶ Horizontal Type Tool(수평 문자 도구, T.)을 클릭하고 ❷ 캔버스의 가운데를 클릭한 후 'TEXTURE'를 입력합니다. ❸ Ctrl + Enter 를 눌러 마무리하고 ❹~❼ 옵션바를 그림과 같이 설정합니다.

- **폰트**: Rix독립고딕_Pro
- **크기**: 180 pt
- **정렬**: 가운데 정렬
- **색상**: #ffffff

04 텍스트에 광선 효과를 별도로 넣기 위해 Ctrl + G 를 눌러 그룹으로 만들어 줍니다.

TIP 효과를 분리하기 위해 하나의 레이어를 그룹으로 묶는 경우가 종종 있습니다.

05 ❶ Gradient Tool(그레이디언트 도구, ▣.)을 클릭하고 ❷ 아랫부분에서 윗부분 방향으로 클릭&드래그해 그레이디언트를 만듭니다.

06 Properties(속성) 패널의 ❶ 그레이디언트 색상점 중 하나를 아래로 클릭&드래그해 제거하고 ❷ 남은 색상점을 더블 클릭합니다. ❸ 색상을 '#000000'으로 설정한 후 ❹ [OK(확인)] 버튼을 클릭합니다.

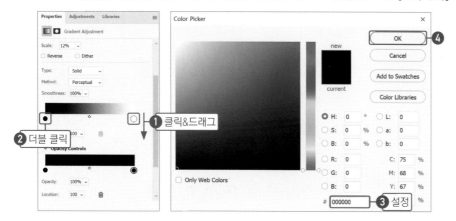

07 ❶ Opacity Controls(불투명도 제어)의 왼쪽 점을 클릭하고 ❷ Opacity(불투명도)를 '100%'로 설정합니다.

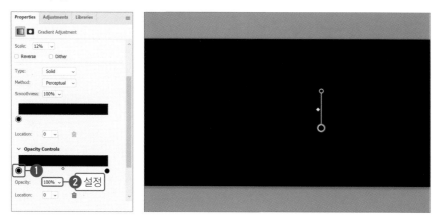

08 ❶ Opacity Controls(불투명도 제어)의 오른쪽 점을 클릭하고 ❷ Opacity(불투명도)를 '0%'로 설정합니다.

09 Layers(레이어) 패널에서 'Group 1
(그룹 1)' 레이어와 'Gradient Fill 1
(그레이디언트 칠 1)' 레이어의 사이
를 Alt 를 누른 상태로 클릭해 클리
핑 마스크를 만듭니다.

10 여러 가지 색상의 그레이디언트를 만들어 텍스트의 질감을 금속처럼 표현하겠습니다. Layers(레이어)
패널에서 ❶ 조정 레이어 버튼(◑) – ❷ Gradient Map(그레이디언트 맵)을 클릭하고 Properties(속성)
패널의 ❸ 그레이디언트를 클릭합니다.

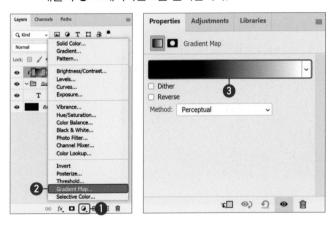

11 그레이디언트의 색상을 설정하기 위해 ❶ 왼쪽 아래에 있는 색연필을 클릭하고 ❷ Color(색상)를 클릭
합니다. ❸ '#312804'로 설정한 후 ❹ [OK(확인)] 버튼을 클릭합니다. ❺ Location(위치)에 '5'를 입력합
니다.

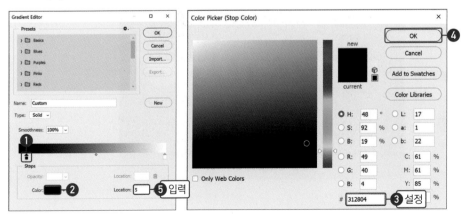

12 ❶ 오른쪽의 빈 부분을 클릭해 색상을 추가하고 ❷ Color(색상)를 클릭합니다. ❸ '#b99b52'로 설정한 후 ❹ [OK(확인)] 버튼을 클릭합니다. ❺ Location(위치)에 '40'을 입력합니다.

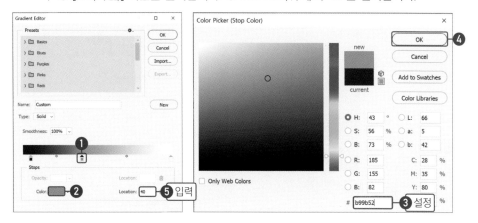

13 ❶ 오른쪽의 빈 부분을 클릭해 색상을 추가하고 ❷ Color(색상)를 클릭합니다. ❸ '#826d19'로 설정한 후 ❹ [OK(확인)] 버튼을 클릭합니다. ❺ Location(위치)에 '65'를 입력합니다.

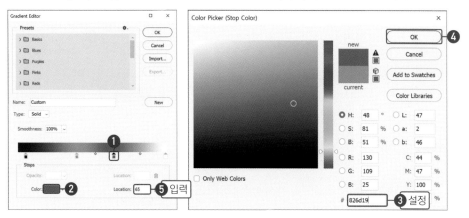

14 ❶ 오른쪽의 빈 부분을 클릭해 색상을 추가하고 ❷ Color(색상)를 클릭합니다. ❸ '#ffffff'로 설정한 후 ❹ [OK(확인)] 버튼을 클릭합니다. ❺ Location(위치)에 '85'를 입력합니다.

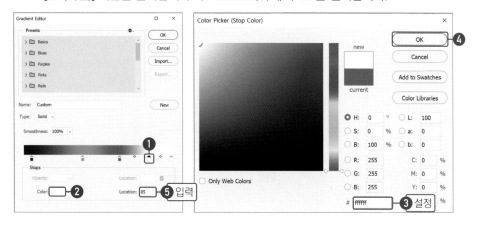

15 ❶ 오른쪽의 빈 부분을 클릭해 색상을 추가하고 ❷ Color(색상)를 클릭합니다. ❸ '#ffffc6'으로 설정한 후 ❹ [OK(확인)] 버튼을 클릭합니다. ❺ Location(위치)에 '90'을 입력합니다.

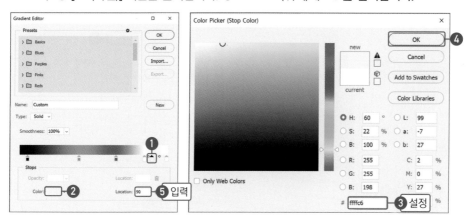

16 ❶ 가장 오른쪽 아래에 있는 색연필을 클릭하고 ❷ Color(색상)를 클릭합니다. ❸ '#876e2a'로 설정한 후 ❹ [OK(확인)] 버튼을 클릭합니다. ❺ Location(위치)에 '100'을 입력합니다.

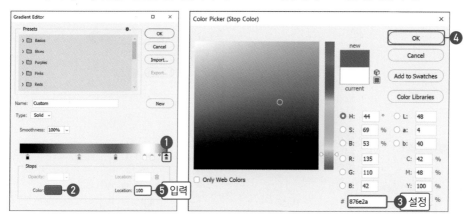

17 그레이디언트를 저장하기 위해 ❶ [New(새로 만들기)] 버튼을 클릭하고 ❷ [OK(확인)] 버튼을 클릭합니다.

18 Properties(속성) 패널의 클리핑 마스크 버튼(⬚)을 클릭해 'TEXTURE' 레이어에 클리핑 마스크로 넣습니다.

19 텍스트에 입체감을 더하기 위해 Layers(레이어) 패널에서 'TEXTURE' 레이어의 빈 공간을 더블 클릭해 Layer Style(레이어 스타일) 창을 엽니다.

20 ❶ Bevel & Emboss(경사와 엠보스) 메뉴를 클릭하고 ❷~❼ 그림과 같이 설정합니다.

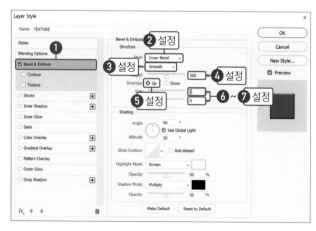

- Style(스타일): Inner Bevel(내부 경사)
- Technique(기법): Smooth(매끄럽게)
- Depth(깊이): 500%

- Direction(방향): Up(위로)
- Size(크기): 3 px
- Soften(부드럽게): 0 px

21 ❶ Stroke(획) 메뉴를 클릭하고 ❷
~❺ 그림과 같이 설정합니다.

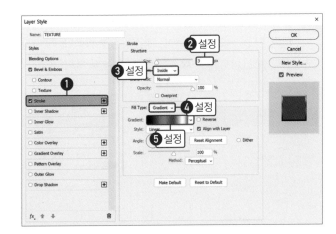

- Size(크기): 3 px
- Position(위치): Inside(안쪽)
- Fill Type(칠 유형): Gradient(그레이디언트)

- Gradient(그레이디언트): 17에서 저장한 가장 아래에 있는
  그레이디언트

22 ❶ Inner Shadow(내부 그림자) 메
뉴를 클릭하고 ❷~❼ 그림과 같이
설정한 후 ❽ [OK(확인)] 버튼을 클
릭합니다.

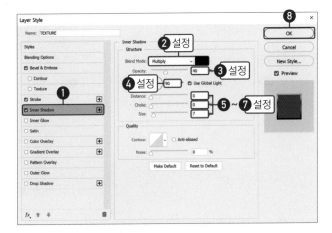

- Blend Mode(혼합 모드): Multiply(곱하기), #000000
- Opacity(불투명도): 40%
- Angle(각도): 90°

- Distance(거리): 0 px
- Choke(경계 감소): 0%
- Size(크기): 7 px

23 빛나는 광선 효과를 넣기 위해 Layers(레이어) 패널에서 ❶ 'Group 1(그룹 1)' 레이어의 빈 공간을 더블 클릭해 Layer Style(레이어 스타일) 창을 엽니다. ❷ Outer Glow(외부 광선) 메뉴를 클릭하고 ❸~❻ 그림과 같이 설정한 후 ❼ [OK(확인)] 버튼을 클릭합니다.

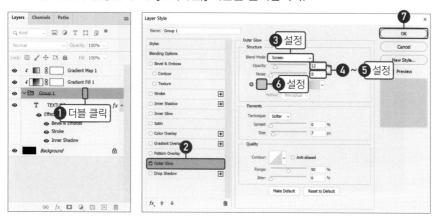

- **Blend Mode(혼합 모드):** Screen(스크린)
- **Opacity(불투명도):** 12%
- **Noise(노이즈):** 0%
- **색상:** #ffe363

24 랜덤한 굴곡을 추가하기 위해 Layers(레이어) 패널에서 ❶ 'Gradient Fill 1(그레이디언트 칠 1)' 레이어를 클릭하고 ❷ 새 레이어 버튼(⬛)을 클릭합니다. ❸ Filter(필터) – ❹ Render(렌더) – ❺ Clouds(구름)를 클릭해 랜덤한 구름 모양을 만듭니다.

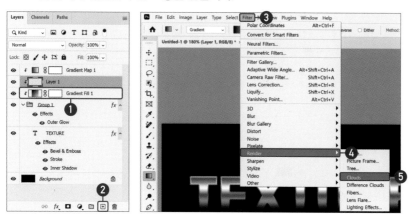

TIP Clouds(구름) 메뉴는 흰색과 검은색이 뒤섞인 이미지를 만들어 줍니다. 명도에 따라 그레이디언트를 넣는 Gradient Map(그레이디언트 맵)이 있기 때문에 자연스러운 굴곡을 표현할 수 있습니다. 마음에 드는 굴곡이 나올 때까지 과정을 반복합니다.

25 Layers(레이어) 패널의 ❶ 혼합 모드를 'Linear Light(선형 라이트)'로 ❷ Opacity(불투명도)를 '40%'로 설정합니다. 혼합 모드와 불투명도를 원하는 대로 설정해도 좋습니다.

Generative Fill로 녹슨 질감 만들기

Generative Fill(생성형 채우기)로 녹슨 질감을 생성하겠습니다.

01 녹슨 질감을 생성하기 위해 Layers (레이어) 패널의 ❶ 'Gradient Map 1 (그레이디언트 맵 1)' 레이어를 클릭하고 ❷ 새 레이어 버튼(⊡)을 클릭합니다.

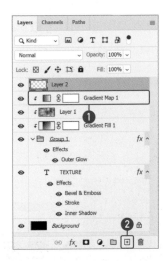

TIP Generative Fill(생성형 채우기)은 클리핑 마스크 레이어나 조정 레이어와 같은 특수한 레이어에서는 사용할 수 없기 때문에 맨 위에 새로운 레이어를 만들어 주었습니다. 새 레이어 버튼(⊡)을 클릭하면 선택한 레이어 위에 새로운 레이어를 만들 수 있습니다.

02 ❶ Rectangular Marquee Tool(사각형 선택 윤곽 도구, ▣)을 클릭하고 ❷ 텍스트보다 크게 클릭&드래그해 선택합니다. Contextual Task Bar(상황별 작업 표시줄)의 ❸ [Generative Fill(생성형 채우기)] 버튼을 클릭합니다.

03 Contextual Task Bar(상황별 작업 표시줄)에 ❶ '녹슨 금속 질감'을 입력합니다. ❷ [Generate(생성)] 버튼을 클릭하고 Properties(속성) 패널에서 ❸ 마음에 드는 이미지를 고릅니다.

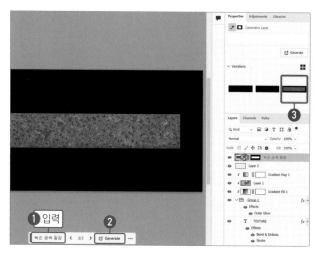

04 Layers(레이어) 패널에서 ❶ '녹슨 금속 질감' 레이어를 클릭&드래그해 'Gradient Map 1(그레이디언트 맵 1)' 레이어 아래에 배치합니다. ❷ Opacity(불투명도)를 '20%'로 설정합니다.

05 'Layer 2(레이어 2)' 레이어를 클릭
하고 Delete를 눌러 삭제합니다.

06 타이포그래피에 금속 질감 입히기
를 완성했습니다.

02 다양한 질감 합성하기

조각상 이미지에 세 가지의 다른 질감을 합성해 보겠습니다. 이번 예제에서 알려주는 질감 표현 방법은 음영이 뚜렷한 이미지에 활용하는 것이 좋습니다.

미리보기

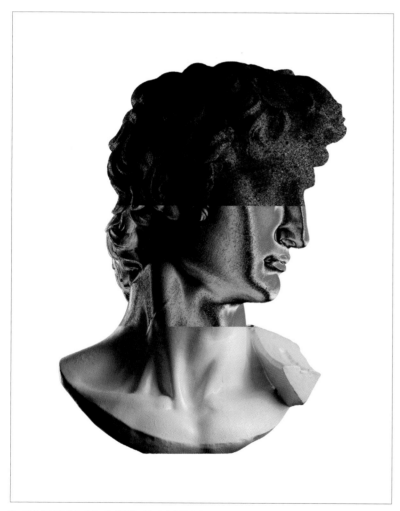

📁 예제파일 P01\Ch04\02\다양한 질감 이미지 합성하기.jpg
📁 완성파일 P01\Ch04\02\다양한 질감 이미지 합성하기_완성.psd

조각상 이미지에 세 가지의 다른 질감을 합성하기 위해 먼저 이미지를 삼등분한 후 모래 질감을 넣어 보겠습니다.

01 File(파일) – Open(열기) 명령으로 '다양한 질감 이미지 합성하기.jpg' 를 불러옵니다.

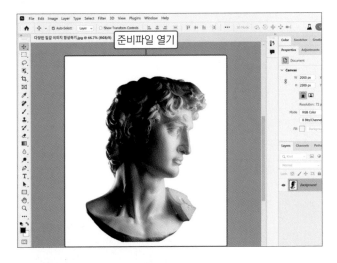

02 이미지 위에 안내선을 만들겠습니다. ❶ Ctrl + R 을 눌러 눈금자를 꺼낸 후 ❷ 위에 있는 눈금자를 클릭&드래그해 조각상의 눈 아래에 안내선을 배치합니다.

03 위에 있는 눈금자를 다시 클릭&드래그해 조각상의 목 부분에 안내선을 하나 더 배치합니다.

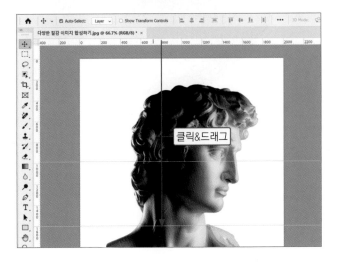

04 모래 질감 이미지를 생성하기 위해 ❶ Ctrl + A 를 눌러 캔버스 전체를 선택하고 Contextual Task Bar (상황별 작업 표시줄)의 ❷ [Genera tive Fill(생성형 채우기)] 버튼을 클릭합니다.

> **TIP** 조각상의 일부를 선택 영역으로 지정하고 질감을 생성하면 다른 형태의 모래가 나오기 때문에 캔버스 전체를 선택하고 명령어를 입력합니다.

05 ❶ '모래 질감'을 입력하고 ❷ [Gene rate(생성)] 버튼을 클릭합니다. Pro perties(속성) 패널에서 ❸ 마음에 드는 이미지를 선택합니다.

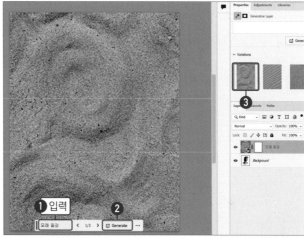

06 모래 질감 이미지의 색을 변경하기 위해 ❶ Image(이미지) – ❷ Adjust ments(조정) – ❸ Hue/Saturation (색조/채도)을 클릭합니다.

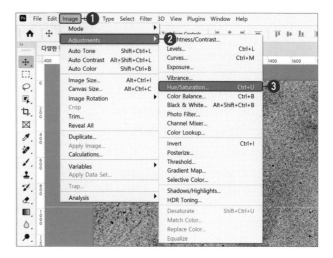

07 ❶~❹ 그림과 같이 설정해 색을 조
정한 후 ❺ [OK(확인)] 버튼을 클릭
합니다.

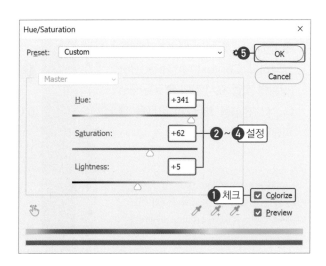

- Colorize(색상화): 체크
- Hue(색조): +341
- Saturation(채도): +62
- Lightness(밝기): +5

08 Layers(레이어) 패널의 혼합 모드를
'Multiply(곱하기)'로 설정합니다.

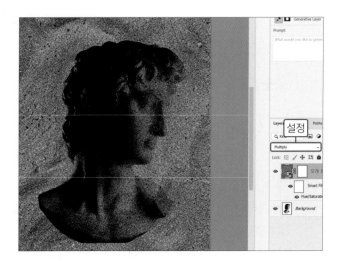

09 조각상 부분에만 질감을 넣기 위해
❶ Object Selection Tool(개체 선
택 도구, ⬚)을 마우스 오른쪽 버
튼으로 클릭하고 ❷ Magic Wand
Tool(자동 선택 도구, ⬚)을 클릭합
니다.

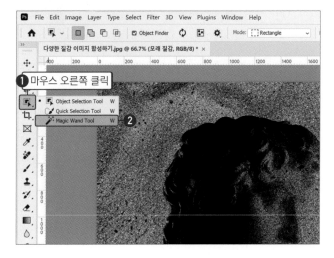

10 ❶~❸ 옵션바를 그림과 같이 설정
합니다.

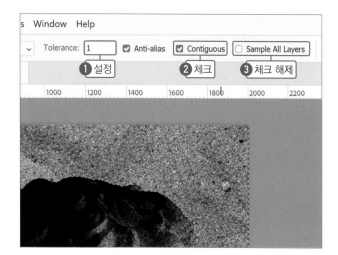

- Tolerance(허용치): 1
- Contiguous(인접): 체크
- Sample All Layers(모든 레이어 샘플링)
  : 체크 해제

TIP Contiguous(인접)를 체크해야 클릭한 영역과 맞닿아 있는 비슷한 색상만 선택하고, Sample All Layers(모든 레이어 샘플링)를 체크 해제해야 선택한 레이어에서만 선택 영역을 계산해 줍니다.

11 Layers(레이어) 패널에서 ❶ 'Back
groun(배경)' 레이어를 클릭하고 ❷
캔버스의 배경 부분을 클릭해 선택
합니다.

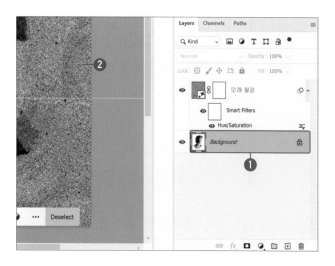

12 ❶ 전경색을 클릭하고 ❷ 색상
을 '#000000'으로 설정한 후 ❸
[OK(확인)] 버튼을 클릭합니다.

13 Layers(레이어)패널에서 ❶ '모래 질감' 레이어의 레이어 마스크를 클릭하고 ❷ Alt + Delete 를 눌러 검은색을 채웁니다. ❸ Ctrl + D 를 눌러 선택을 해제합니다.

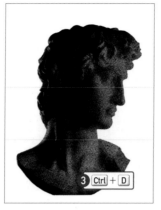

14 ❶ Rectangular Marquee Tool(사각형 선택 윤곽 도구, ▭)을 클릭하고 ❷ 첫 번째 안내선의 윗부분을 클릭&드래그해 선택합니다.

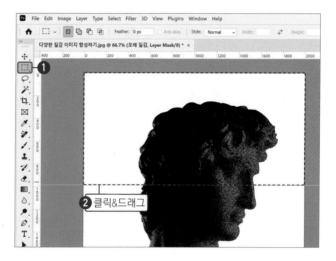

15 나중에 질감 레이어의 위치를 편하게 수정하기 위해 레이어 한 개를 그룹으로 묶어 마스크를 분리하겠습니다. ❶ Ctrl + G 를 눌러 그룹을 만든 후 Layers(레이어) 패널의 ❷ 레이어 마스크 버튼(▫)을 클릭합니다.

금속 질감 만들기

조각상의 두 번째 부분을 금속 질감으로 만들겠습니다.

01 두 안내선 사이를 클릭&드래그해 금속 질감을 넣을 영역을 선택합니다.

02 Layers(레이어) 패널의 ❶ 조정 레이어 버튼(◨)- ❷ Curves(곡선)를 클릭합니다.

03 Properties(속성) 패널에서 그림과 같이 클릭&드래그해 밝기를 조정합니다.

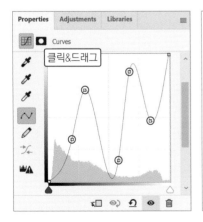

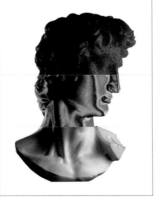

조각상 색상 바꾸기

조각상의 세 번째 부분의 색상을 바꾸겠습니다.

01 ❶ 조정 레이어 버튼(⬚) – ❷ Solid Color(단색)를 클릭합니다. ❸ 색상을 '#9ffce2'로 설정하고 ❹ [OK(확인)] 버튼을 클릭합니다.

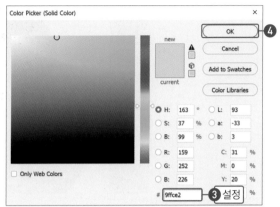

02 Layers(레이어) 패널에서 '모래 질감' 레이어의 레이어 마스크를 Alt 를 누른 상태에서 클릭&드래그해 'Color Fill 1(색상 칠 1)' 레이어의 레이어 마스크로 복사합니다.

03 그림과 같은 창이 나오면 [Yes(예)] 버튼을 클릭합니다.

04 Layers(레이어) 패널의 혼합 모드를 'Color(색상)'로 설정합니다.

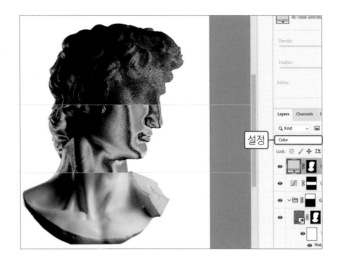

05 Ctrl + G를 눌러 그룹을 만듭니다.

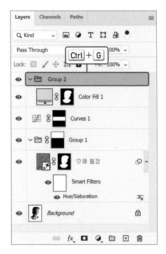

06 ❶ 두 번째 안내선의 아랫부분을 클릭&드래그해 선택합니다. Layers(레이어) 패널의 ❷ 레이어 마스크 버튼(□)을 클릭합니다.

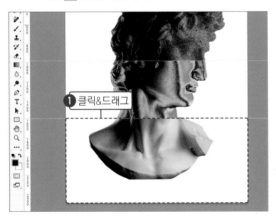

07 다양한 질감 합성하기를 완성했습니다.

높은 퀄리티의
실무 작품 제작

CHAPTER

05

이미지 합성과 질감 표현으로 작품 만들기

앞서 배운 이미지 합성하기와 질감 표현하기를 활용해 초현실주의 느낌의 콜라주 배경화면을 만들어 보겠습니다. 예제를 통해 여러 장의 이미지를 자연스럽게 합성하는 방법과 자연스러운 질감 표현 방법을 연습해 봅니다.

01 초현실주의 콜라주 배경화면 만들기

여러 장의 이미지를 합성해 콜라주 배경화면을 만들어 보겠습니다. 초현실주의 느낌을 내기 위해 우주와 행성, 식물과 꽃처럼 카테고리가 전혀 다른 이미지를 합성합니다.

미리보기

■ 예제파일 P02\Ch05\01\배경화면 만들기 1.jpg, 배경화면 만들기 2.jpg,
　　　　　　배경화면 만들기 3.jpg, 배경화면 만들기 4.jpg, 배경화면 만들기 5.jpg
■ 완성파일 P02\Ch05\01\초현실주의 콜라주 배경화면 만들기_완성.psd

예제 이미지와 Generative Fill(생성형 채우기)로 생성한 이미지를 자연스럽게 합성하고 배치해 봅니다.

01 ❶ File(파일) – New(새로 만들기) 명령으로 New Document(새 문서) 창을 열고 ❷ Mobile(모바일) – ❸ iPhone X를 클릭합니다. ❹~❽ 그림과 같이 설정한 후 ❾ [Create(만들기)] 버튼을 클릭합니다.

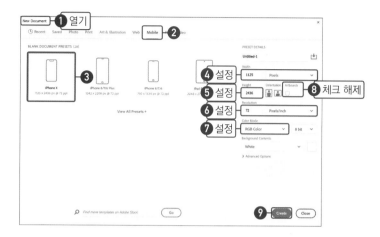

- **Width(폭):** 1125 Pixels
- **Height(높이):** 2436 Pixels
- **Resolution(해상도):** 72 Pixels/Inch

- **Color Mode(색상 모드):** RGB Color
- **Artboard(아트보드):** 체크 해제

> **TIP** 포토샵은 iPhone 기기의 사이즈를 프리셋으로 제공합니다. iPhone이 아닌 다른 종류의 스마트폰을 사용하고 있다면 인터넷에 '[기종 이름] 배경화면 사이즈'를 검색해 본인의 스마트폰 사이즈에 맞게 설정합니다.

02 ❶ File(파일) – Place Embedded (포함 가져오기) 명령으로 '배경화면 만들기 1.jpg'를 불러옵니다. ❷ 크기와 위치를 조절하고 ❸ [Enter] 를 누릅니다.

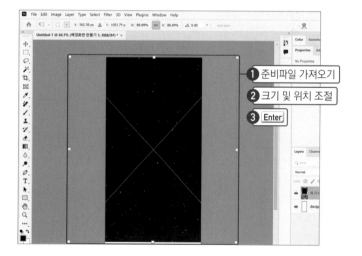

03 ❶ Image(이미지) – ❷ Adjustments(조정) – ❸ Levels(레벨)를 클릭합니다. ❹ 그림과 같이 화살표를 클릭&드래그해 밝기를 어둡게 조정하고 ❺ [OK(확인)] 버튼을 클릭합니다.

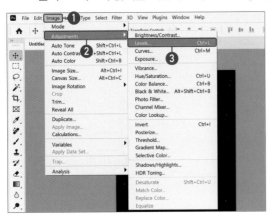

04 ❶ File(파일) – Place Embedded (포함 가져오기) 명령으로 '배경화면 만들기 2.jpg'를 불러옵니다. ❷ 크기와 위치를 조절하고 ❸ Enter 를 누릅니다.

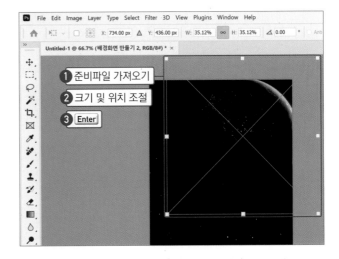

05 ❶ File(파일) – Place Embedded (포함 가져오기) 명령으로 '배경화면 만들기 3.jpg'를 불러옵니다. ❷ 크기와 위치를 조절하고 ❸ Enter 를 누릅니다.

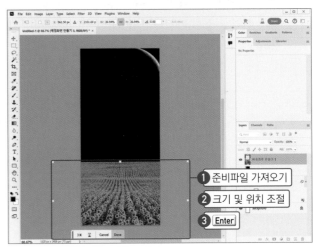

06 해바라기 이미지의 윗부분을 자연스럽게 가리기 위해 Layers(레이어) 패널의 레이어 마스크 버튼(▣)을 클릭합니다.

07 ❶ Brush Tool(브러시 도구, ✎)을 클릭합니다. 옵션바의 ❷ 브러시 모양 버튼(●)을 클릭하고 ❸ General Brushes(일반 브러시) – ❹ Hard Round(선명한 원)를 클릭한 후 ❺ 키보드의 [와]를 눌러 마우스의 크기를 조절합니다.

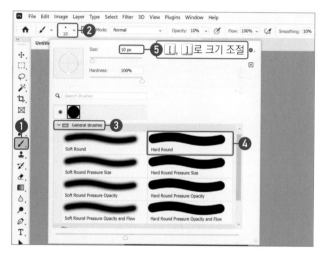

08 ❶ 전경색을 클릭하고 ❷ 색상을 '#000000'으로 설정한 후 ❸ [OK(확인)] 버튼을 클릭합니다.

09 ❶ Alt 를 누른 상태에서 마우스 휠을 올려 캔버스를 확대하고 ❷ 해바라기 이미지의 윗부분을 지그재그 형태로 클릭&드래그해 가려줍니다.

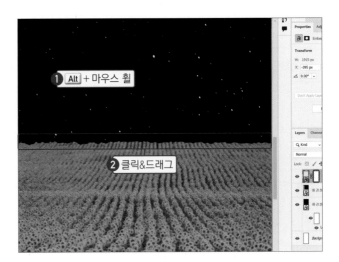

10 ❶ File(파일) – Place Embedded (포함 가져오기) 명령으로 '배경화면 만들기 4.jpg'를 불러옵니다. ❷ 크기와 위치를 조절하고 ❸ Enter 를 누릅니다.

11 Layers(레이어) 패널에서 '배경화면 만들기 4' 레이어를 클릭&드래그해 '배경화면 만들기 3' 레이어 아래에 배치합니다.

12 ❶ Object Selection Tool(개체 선택 도구, 🔲)을 마우스 오른쪽 버튼으로 클릭하고 ❷ Quick Selection Tool(빠른 선택 도구, 🖌️)을 클릭합니다. ❸ 키보드의 [와] 를 눌러 마우스의 크기를 잘라낼 바위보다 살짝 작게 조절하고 ❹ 바위를 클릭&드래그해 선택합니다.

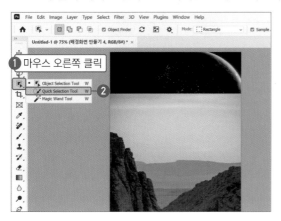

13 Layers(레이어) 패널의 레이어 마스크 버튼(🔲)을 클릭합니다.

14 ❶ File(파일) − Place Embedded (포함 가져오기) 명령으로 '배경화면 만들기 5.jpg'를 불러옵니다. ❷ 크기와 위치를 조절하고 ❸ Enter 를 누릅니다.

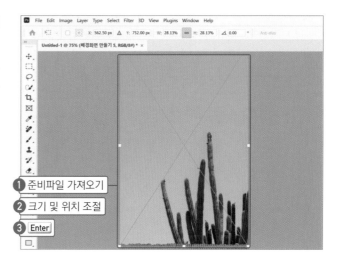

15 선인장의 누끼를 따기 위해 ❶ Quick Selection Tool(빠른 선택 도구, 🖌️)을 마우스 오른쪽 버튼으로 클릭하고 ❷ Magic Wand Tool(자동 선택 도구, 🪄)을 클릭합니다.

16 ❶~❸ 옵션바를 그림과 같이 설정하고 ❹ 배경을 클릭해 선택합니다.

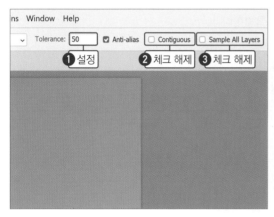

- Tolerance(허용치): 50
- Contiguous(인접): 체크 해제
- Sample All Layers(모든 레이어 샘플링): 체크 해제

17 ❶ Select(선택) − ❷ Inverse(반전)를 클릭해 선택 영역을 반전시킵니다.

18 Layers(레이어) 패널의 레이어 마스크 버튼(▢)을 클릭합니다.

19 선인장 이미지의 색을 보정하기 위해 Layers(레이어) 패널의 ❶ 조정 레이어 버튼(◑) − ❷ Vibrance(활기)를 클릭합니다.

20 Properties(속성) 패널의 ❶ 클리핑 마스크 버튼(▣)을 클릭한 후 ❷~❸ 그림과 같이 설정해 선인장 이미지의 채도를 높입니다.

• Vibrance(활기): +71

• Saturation(채도): +45

21 선인장 이미지에 푸른색을 추가하기 위해 ❶ 조정 레이어 버튼(⬤) – ❷ Selective Color(선택 색상)를 클릭합니다.

22 Properties(속성) 패널의 ❶ 클리핑 마스크 버튼(⬚)을 클릭한 후 ❷~❻ 그림과 같이 설정해 Yellows (노랑 계열)에 푸른색을 더합니다.

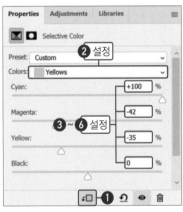

- Colors(색상): Yellows(노랑 계열)
- Cyan(녹청): +100%
- Magenta(마젠타): −42%
- Yellow(노랑): −35%
- Black(검정): 0%

TIP 선인장의 원본 이미지는 초록색보다 노란색에 가까운 색상입니다. 따라서 Yellows(노랑 계열)에 Cyan(녹청)을 더하고 Magenta(마젠타)와 Yellow(노랑)를 제거해 청량한 푸른색으로 만들었습니다.

23 우주인 이미지를 생성하기 위해 Layers(레이어) 패널에서 ❶ '배경화면 만들기 3' 레이어를 클릭합니다. ❷ Rectangular Marquee Tool(사각형 선택 윤곽 도구, ▭)을 클릭하고 ❸ 우주인을 생성할 영역을 클릭&드래그해 선택한 후 Contextual Task Bar(상황별 작업 표시줄)의 ❹ [Generative Fill(생성형 채우기)] 버튼을 클릭합니다.

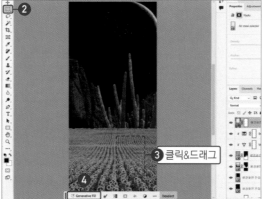

24 ❶ '우주인'을 입력하고 ❷ [Generate (생성)] 버튼을 클릭합니다. Proper ties(속성) 패널에서 ❸ 마음에 드는 이미지를 고릅니다.

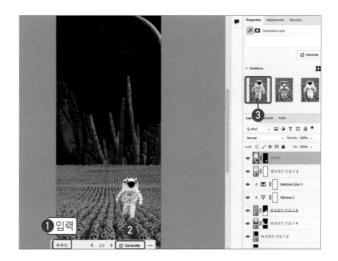

25 목성 이미지를 생성하기 위해 ❶ 우주 이미지의 빈 공간을 클릭&드 래그해 선택하고 Contextual Task Bar(상황별 작업 표시줄)의 ❷ [Ge nerative Fill(생성형 채우기)] 버튼을 클릭합니다.

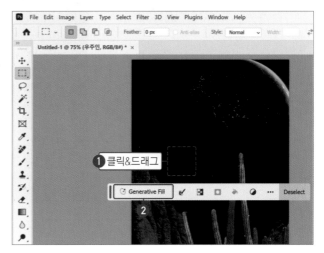

26 ❶ '목성'을 입력하고 ❷ [Generate(생성)] 버튼을 클릭합니다. Properties(속성) 패널에서 ❸ 마음에 드는 이미지를 고릅니다. Layers(레이어) 패널에서 ❹ Opacity(불투명도)를 '50%'로 설정합니다.

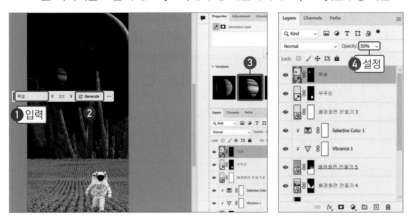

27 선인장 이미지를 생성하기 위해 ❶ 선인장의 왼쪽 부분을 클릭&드래그해 선택하고 Contextual Task Bar(상황별 작업 표시줄)의 ❷ [Generative Fill(생성형 채우기)] 버튼을 클릭합니다.

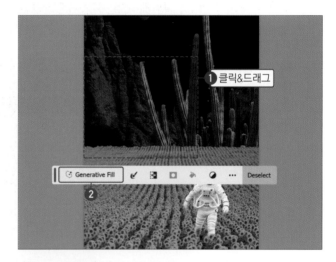

28 ❶ [Generate(생성)] 버튼을 클릭하고 Properties(속성) 패널에서 ❷ 마음에 드는 이미지를 고릅니다.

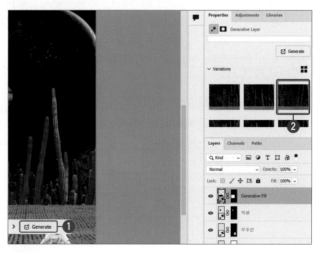

29 생성한 선인장 이미지의 일부만 보이도록 ❶ Brush Tool(브러시 도구, ✏️)을 클릭합니다. 옵션바의 ❷ 브러시 모양 버튼(●)을 클릭하고 ❸ General Brushes(일반 브러시) – ❹ Hard Round(선명한 원)를 클릭한 후 ❺ 키보드의 ⎡와 ⎤를 눌러 마우스의 크기를 조절합니다.

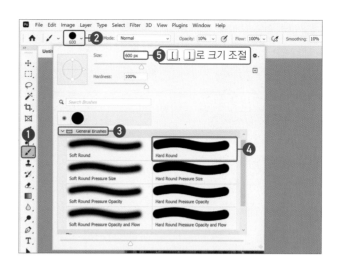

30 ❶ 전경색을 클릭하고 ❷ 색상을 '#000000'으로 설정한 후 ❸ [OK(확인)] 버튼을 클릭합니다.

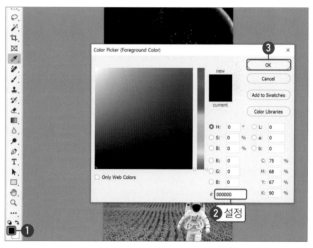

31 Layers(레이어) 패널에서 ❶ 'Generative Fill(생성형 채우기)' 레이어의 레이어 마스크를 클릭합니다. ❷ 가리고 싶은 부분을 클릭&드래그합니다. ❸ Alt 를 누른 상태에서 레이어 마스크를 클릭하면 정확한 마스크 영역을 확인할 수 있습니다.

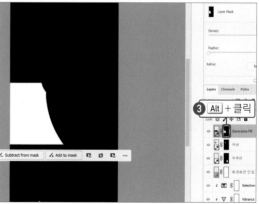

32 나비 이미지를 생성하기 위해 ❶
Alt 를 누른 상태에서 마우스 휠을
올려 캔버스를 확대한 후 ❷ Rec
tangular Marquee Tool(사각형 선
택 윤곽 도구, ▣)을 클릭합니다.

33 ❶ 나비 이미지를 생성할 영역을 클릭&드래그해 선택하고 Contextual Task Bar(상황별 작업 표시줄)
의 ❷ [Generative Fill(생성형 채우기)] 버튼을 클릭합니다. ❸ '흰 나비'를 입력하고 ❹ [Generate(생
성)] 버튼을 클릭한 후 Properties(속성) 패널에서 ❺ 마음에 드는 이미지를 고릅니다.

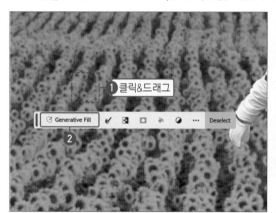

34 33을 네 번 더 반복합니다.

빈티지한 느낌을 더하기 위해 노이즈를 추가하고 인공지능으로 종이 질감 이미지를 생성해 합성하겠습니다. 인공지능이 생성한 이미지의 색감과 밝기를 조정해 원하는 느낌으로 바꾸는 연습을 하는 것이 중요합니다.

01 ❶ Ctrl + Shift + Alt + E 를 눌러 병합한 레이어를 만들고 ❷ 'Layer 1(레이어 1)' 레이어의 이름을 더블클릭합니다. ❸ '노이즈'를 입력한 후 Enter 를 누릅니다.

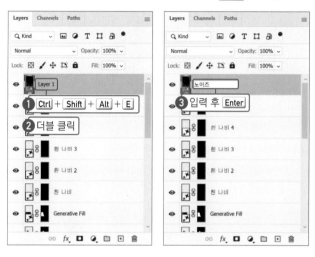

02 빈티지한 느낌의 노이즈를 추가하기 위해 ❶ Filter(필터) − ❷ Noise(노이즈) − ❸ Add Noise(노이즈 추가)를 클릭합니다. ❹~❻ 그림과 같이 설정하고 ❼ [OK(확인)] 버튼을 클릭합니다.

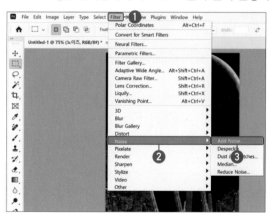

· Amount(양): 25%
· Distribution(분포): Uniform(균일)

· Monochromatic(단색): 체크

03 종이 질감 이미지를 생성하기 위해 ❶ Ctrl + A 를 눌러 캔버스 전체를 선택하고 Contextual Task Bar(상황별 작업 표시줄)의 ❷ [Generative Fill(생성형 채우기)] 버튼을 클릭합니다.

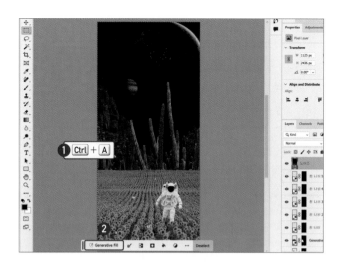

04 ❶ '무채색의 구겨진 종이 질감'을 입력하고 ❷ [Generate(생성)] 버튼을 클릭한 후 Properties(속성) 패널에서 ❸ 마음에 드는 이미지를 고릅니다.

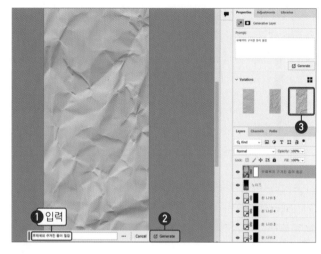

05 종이 질감 이미지의 대비를 높이기 위해 ❶ Image(이미지) − ❷ Adjustments(조정) − ❸ Levels(레벨)를 클릭합니다. ❹ 그림과 같이 화살표를 클릭&드래그해 밝기를 조정하고 ❺ [OK(확인)] 버튼을 클릭합니다. 질감 이미지의 대비를 높이면 질감의 특성이 잘 드러납니다.

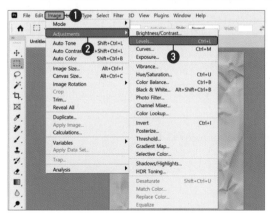

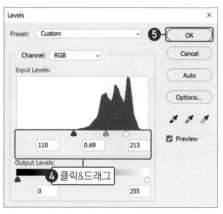

06 작업한 배경 이미지와 질감 이미지를 자연스럽게 합성하기 위해 질감 이미지를 무채색으로 바꿔 주겠습니다. ❶ Image(이미지) − ❷ Adjustments(조정) − ❸ Hue/Saturation(색조/채도)을 클릭합니다.

07 ❶~❸ 그림과 같이 설정해 질감 이미지의 채도를 빼고 ❹ [OK(확인)] 버튼을 클릭합니다.

- Hue(색조): 0
- Saturation(채도): −100
- Lightness(밝기): 0

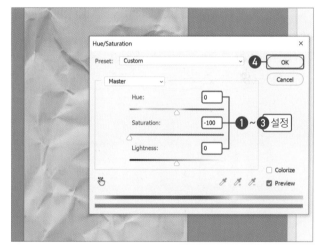

08 Layers(레이어) 패널에서 ❶ 혼합 모드를 'Pin Light(핀 라이트)'로 ❷ Opacity(불투명도)를 '10%'로 설정합니다. 혼합 모드와 불투명도는 원하는 대로 설정해도 좋습니다. 초현실주의 느낌의 콜라주 배경화면 만들기를 완성했습니다.

이미지 합성과 타이포그래피를 활용한 작품 만들기

이미지 합성과 타이포그래피를 활용해 로맨틱 판타지 소설의 북커버와 판타지 장르의 영화 포스터를 만들어 보겠습니다. 북커버를 완성한 후에는 인공지능으로 목업을 생성해 실제 책의 표지처럼 시뮬레이션해 볼 것입니다.

01 로맨틱 판타지 소설 북커버 만들기

로맨틱 판타지 소설의 북커버를 만들어 보겠습니다. 북커버는 책의 제목이 눈에 잘 들어오도록 가독성과 주목성을 고려해서 디자인해야 합니다. 북커버를 완성한 후에는 인공지능으로 목업을 생성해 실제 책의 표지처럼 시뮬레이션해 보겠습니다.

미리보기

■ 예제파일 P02\Ch06\01\북커버 만들기 1.jpg, 북커버 만들기 2.jpg, 북커버 만들기 3.jpg, 북커버 만들기 4.jpg, 북커버 만들기 5.jpg, 북커버 만들기 6.jpg

■ 완성파일 P02\Ch06\01\로맨틱 판타지 북커버 만들기_완성.psd, 로맨틱 판타지 북커버 만들기-목업_완성.psd

배경 이미지 불러오기

로맨틱 판타지 소설의 북커버를 만들기 위해 먼저 배경 이미지를 불러오겠습니다.

01 ❶ File(파일) – New(새로 만들기) 명령으로 New Document(새 문서) 창을 열고 ❷~❺ 그림과 같이 설정한 후 ❻ [Create(만들기)] 버튼을 클릭합니다.

- Width(폭): 158 Millimeters
- Height(높이): 231 Millimeters
- Resolution(해상도): 300 Pixels/Inch
- Color Mode(색상 모드): CMYK Color

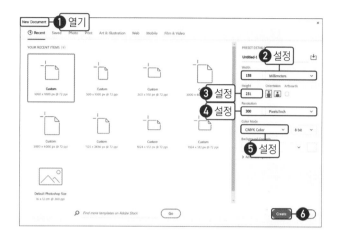

> **TIP** 소설책의 판형으로 많이 사용하는 신국판 사이즈는 '152×225 mm'입니다. 하지만 실제로 인쇄할 때 잘릴 것을 대비해 상하 좌우를 '3 mm'씩 더 크게 만드는 것이 좋습니다.

02 북커버 이미지의 중심과 잘려나갈 영역을 표시하기 위해 ❶ View(보기) – ❷ Guides(안내선) – ❸ New Guide Layout(새 안내선 레이아웃)을 클릭합니다. ❹~❾ 그림과 같이 설정한 후 ❿ [OK(확인)] 버튼을 클릭합니다.

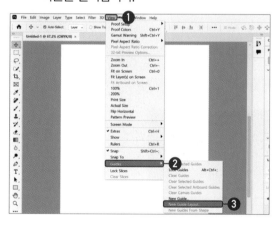 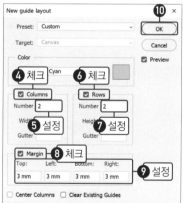

- Columns(열): 체크
- Number(번호): 2
- Rows(행): 체크
- Number(번호): 2
- Margin(여백): 체크
- Top(위쪽), Left(왼쪽), Bottom(아래쪽), Right(오른쪽): 3 mm

> **TIP** View(보기) – Guides(안내선) – Lock Guides(안내선 잠그기)를 클릭하면 안내선이 움직이지 않게 잠글 수 있습니다.

03 ❶ File(파일) – Place Embedded (포함 가져오기) 명령으로 '북커버 만들기 1.jpg'를 불러옵니다. ❷ 크기와 위치를 조절하고 ❸ [Enter] 를 누릅니다.

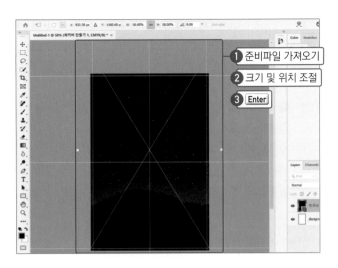

04 배경 이미지의 색을 바꾸기 위해 ❶ Image(이미지) – ❷ Adjustments (조정) – ❸ Hue/Saturation(색조/채도)을 클릭합니다.

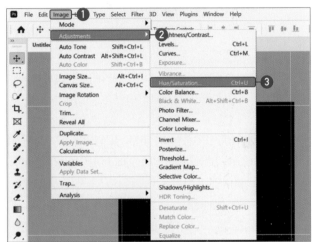

05 ❶~❸ 그림과 같이 설정해 색을 조정한 후 ❹ [OK(확인)] 버튼을 클릭합니다.

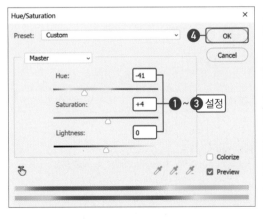 

• Hue(색조): −41
• Saturation(채도): +4

• Lightness(밝기): 0

06 밝기를 낮추기 위해 ❶ Image(이미지) – ❷ Adjustments(조정) – ❸ Levels(레벨)를 클릭합니다.

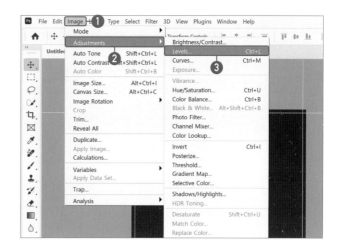

07 ❶ 그림과 같이 화살표를 클릭&드래그해 밝기를 어둡게 조정하고 ❷ [OK(확인)] 버튼을 클릭합니다.

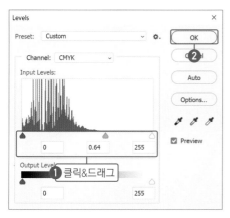

놀이기구 이미지 합성하기

판타지한 느낌을 더하기 위해 대관람차와 롤러코스터 이미지를 불러와 자연스럽게 합성하겠습니다.

01 File(파일) – Open(열기) 명령으로 '북커버 만들기 2.jpg'를 불러옵니다.

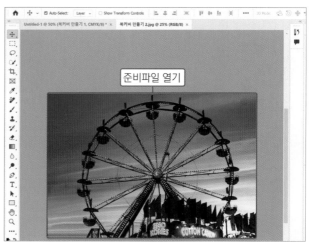

준비파일 열기

02 ❶ Rectangular Marquee Tool(사각형 선택 윤곽 도구, ▦)을 클릭하고 ❷ 대관람차의 아랫부분을 클릭&드래그해 선택합니다. Contextual Task Bar(상황별 작업 표시줄)의 ❸ [Generative Fill(생성형 채우기)] 버튼을 클릭합니다.

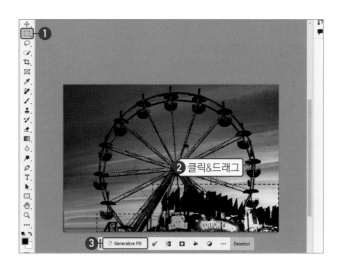

03 Contextual Task Bar(상황별 작업 표시줄)에 ❶ '삭제'를 입력합니다. ❷ [Generate(생성)] 버튼을 클릭한 후 Properties(속성) 패널에서 ❸ 마음에 드는 이미지를 고릅니다.

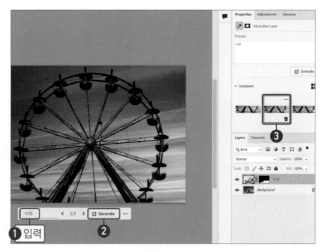

04 대관람차의 아랫부분을 생성하기 위해 ❶ Crop Tool(자르기 도구, ◰)을 클릭합니다. ❷ 캔버스의 아랫부분을 클릭&드래그해 크기를 키우고 Contextual Task Bar(상황별 작업 표시줄)의 ❸ [Generate(생성)] 버튼을 클릭합니다.

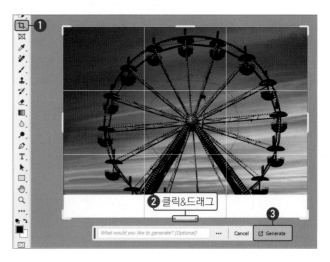

05 Properties(속성) 패널에서 마음에 드는 이미지를 고릅니다.

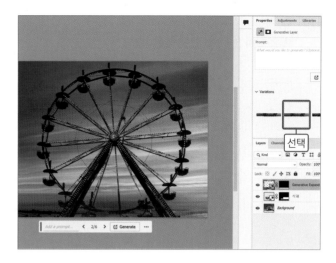

06 ❶ Ctrl + Shift + Alt + E 를 눌러 모든 레이어를 병합한 레이어를 만듭니다. ❷ Object Selection Tool(개체 선택 도구, ⬚)을 클릭하고 옵션바의 ❸ Select Subject(피사체 선택)를 클릭합니다.

> **TIP** Select Subject(피사체 선택)는 인공지능이 자동으로 개체를 인식해 선택하는 기능입니다. Select Subject(피사체 선택) 옆에 ⌄ 버튼을 클릭해 'Cloud (Detailed results)(클라우드 (자세한 결과))'로 설정하면 보다 정밀하게 선택할 수 있습니다.

07 ❶ Ctrl + C 를 눌러 복사하고 ❷ 'Untitled-1(제목없음-1)' 파일 탭을 클릭해 제작 중이던 파일로 돌아갑니다. ❸ Ctrl + V 를 눌러 붙여 넣습니다.

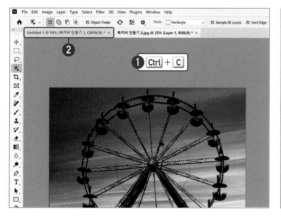
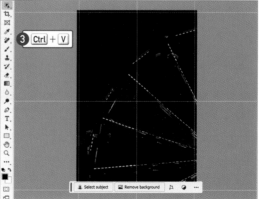

08 ❶ Ctrl + T 를 눌러 ❷ 크기와 위치를 조절하고 ❸ Enter 를 누릅니다.

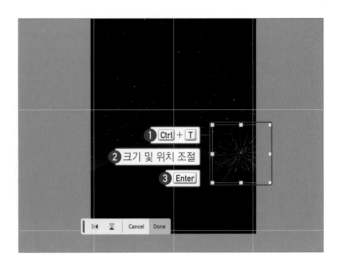

09 대관람차 이미지의 밝기를 올리기 위해 ❶ Image(이미지) − ❷ Adjustments(조정) − ❸ Levels(레벨)를 클릭합니다.

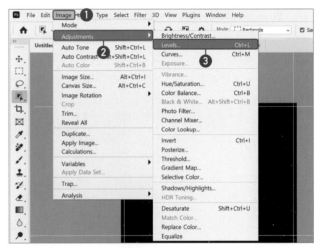

10 ❶ 그림과 같이 화살표를 클릭&드래그해 밝게 조정하고 ❷ [OK(확인)] 버튼을 클릭합니다.

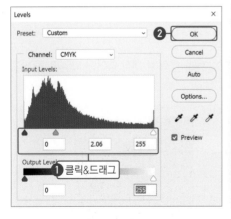

11 ❶ File(파일) – Place Embedded (포함 가져오기) 명령으로 '북커버 만들기 3.jpg'를 불러옵니다. ❷ 크기와 위치를 조절하고 Contextual Task Bar(상황별 작업 표시줄)의 ❸ ⋈ 버튼을 클릭해 이미지의 좌우를 반전한 후 ❹ Enter 를 누릅니다.

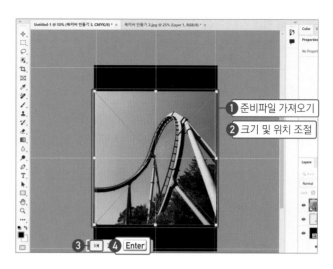

12 옵션바의 Select Subject(피사체 선택)를 클릭합니다.

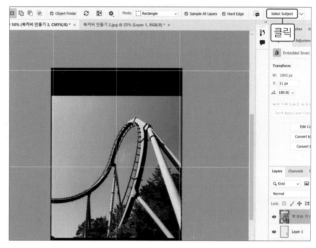

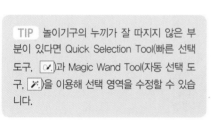

TIP 놀이기구의 누끼가 잘 따지지 않은 부분이 있다면 Quick Selection Tool(빠른 선택 도구, ⟋)과 Magic Wand Tool(자동 선택 도구, ⟋)을 이용해 선택 영역을 수정할 수 있습니다.

13 ❶ Ctrl + J 를 눌러 레이어를 복제하고 Layers(레이어) 패널에서 ❷ '북커버 만들기 3' 레이어의 눈을 클릭해 끕니다.

14 롤러코스터 이미지의 밝기를 올리기 위해 ❶ Image(이미지) – ❷ Adjustments(조정) – ❸ Levels(레벨)를 클릭합니다.

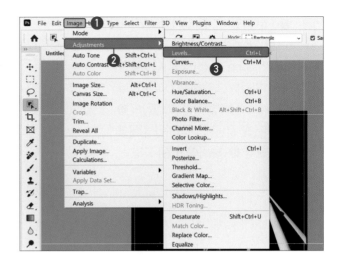

15 ❶ 그림과 같이 화살표를 클릭&드래그해 밝게 조정한 후 ❷ [OK(확인)] 버튼을 클릭합니다.

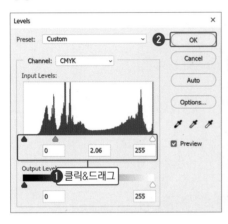

16 Layers(레이어) 패널에서 ❶ 'Layer 2(레이어 2)' 레이어를 클릭하고 ❷ 'Layer 1(레이어 1)' 레이어를 Shift 를 누른 상태에서 클릭해 중복 선택합니다. ❸ Ctrl + G 를 눌러 그룹으로 묶고 ❹ 그룹 레이어의 이름을 더블 클릭합니다. ❺ '놀이기구'를 입력한 후 Enter 를 누릅니다.

17 ❶ '놀이기구' 그룹 레이어의 빈 공간을 더블 클릭해 Layer Style(레이어 스타일) 창을 엽니다. ❷ Color Overlay(색상 오버레이) 메뉴를 클릭하고 ❸~❹ 그림과 같이 설정한 후 ❺ [OK(확인)] 버튼을 클릭합니다.

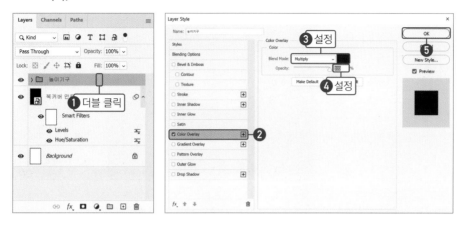

- **Blend Mode(혼합 모드):** Multiply(곱하기), #6c1424   • **Opacity(불투명도):** 100%

달 이미지 합성하기

신비로운 분위기를 더해 줄 보름달 이미지를 불러와 초승달로 바꾸고 자연스럽게 합성하겠습니다.

01 ❶ File(파일) – Place Embedded (포함 가져오기) 명령으로 '북커버 만들기 4.jpg'를 불러옵니다. ❷ 크기와 위치를 조절하고 ❸ Enter 를 누릅니다.

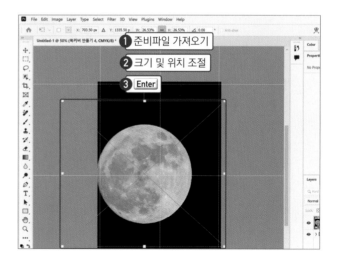

02 옵션바의 ❶ Select Subject(피사체 선택)를 클릭하고 Layers(레이어) 패널의 ❷ 레이어 마스크 버튼(🔳)을 클릭합니다.

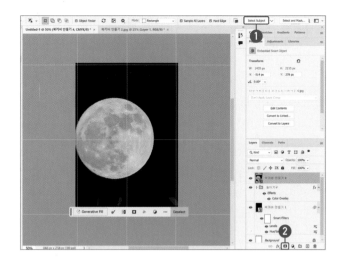

03 ❶ Brush Tool(브러시 도구, ✏️)을 클릭합니다. 옵션바의 ❷ 브러시 모양 버튼(⚫)을 클릭하고 ❸ General Brushes(일반 브러시) – ❹ Hard Round(선명한 원)를 클릭한 후 ❺ 키보드의 [ ]와 [ ]를 눌러 마우스의 크기를 달보다 조금 작게 조절합니다.

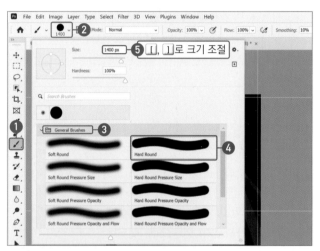

04 ❶ 전경색을 클릭하고 ❷ 색상을 '#000000'으로 설정한 후 ❸ [OK(확인)] 버튼을 클릭합니다.

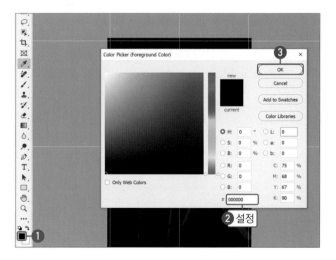

05 달의 왼쪽 부분을 클릭해 초승달 모양으로 만듭니다.

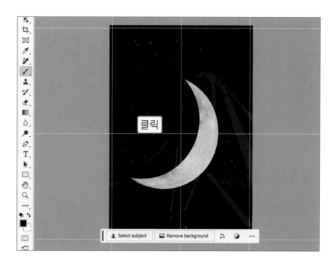

06 Layers(레이어) 패널에서 ❶ '놀이기구' 그룹 레이어의 ⟩ 버튼을 클릭해 열고 ❷ 'Layer 2(레이어 2)' 레이어의 축소판을 Ctrl 을 누른 상태에서 클릭해 해당 레이어의 영역을 선택합니다. ❸ 초승달과 롤러 코스터가 겹치는 윗부분을 클릭&드래그해 합성하고 ❹ Ctrl + D 를 눌러 선택 영역을 해제합니다.

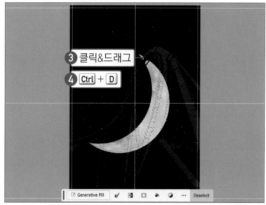

07 초승달 이미지의 밝기를 낮추고 대비를 높이기 위해 ❶ '북커버 만들기 4' 레이어의 축소판을 클릭합니다. ❷ Image(이미지) – ❸ Adjustments(조정) – ❹ Levels(레벨)를 클릭합니다.

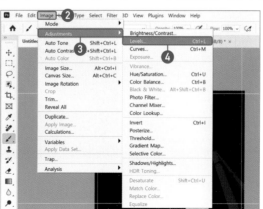

08 ❶ 그림과 같이 화살표를 클릭&드래그해 밝기를 조정하고 ❷ [OK(확인)] 버튼을 클릭합니다.

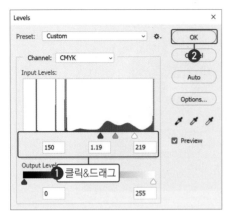

09 색을 바꾸기 위해 ❶ Image(이미지) – ❷ Adjustments(조정) – ❸ Hue/Saturation(색조/채도)을 클릭합니다.

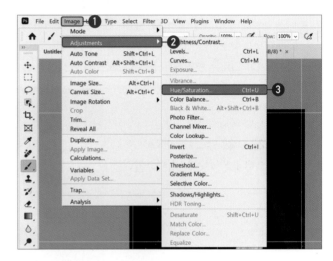

10 ❶~❹ 그림과 같이 설정해 색을 조정한 후 ❺ [OK(확인)] 버튼을 클릭합니다.

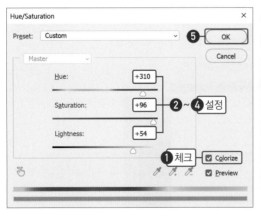

• Colorize(색상화): 체크
• Hue(색조): +310

• Saturation(채도): +96
• Lightness(밝기): +54

11 입체감을 주기 위해 ❶ '북커버 만들기 4' 레이어의 빈공간을 더블 클릭하여 Layer Style(레이어 스타일) 창을 엽니다. ❷ Inner Shadow(내부 그림자) 메뉴를 클릭하고 ❸∼❼ 그림과 같이 설정합니다.

 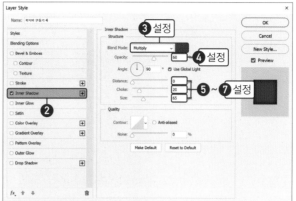

- **Blend Mode(혼합 모드):** Multiply(곱하기), #d52380
- **Opacity(불투명도):** 60%
- **Distance(거리):** 0 px
- **Choke(경계 감소):** 20%
- **Size(크기):** 65 px

12 ❶ Outer Glow(외부 광선) 메뉴를 클릭하고 ❷∼❼ 그림과 같이 설정한 후 ❽ [OK(확인)] 버튼을 클릭합니다.

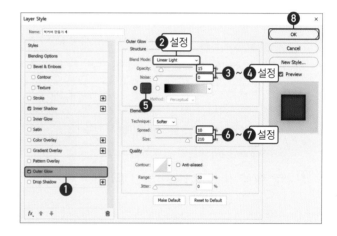

- **Blend Mode(혼합 모드):** Linear Light(선형 라이트)
- **Opacity(불투명도):** 15%
- **Noise(노이즈):** 0%
- **색상:** #e6265f
- **Spread(스프레드):** 10%
- **Size(크기):** 210 px

하늘그네 이미지를 불러와 누끼를 따고 자연스럽게 합성하겠습니다.

01 File(파일) – Open(열기) 명령으로
'북커버 만들기 5.jpg'를 불러옵니다.

02 이미지에서 필요한 부분만 잘라내
기 위해 ❶ Crop Tool(자르기 도구,
🔲)을 클릭하고 ❷ 그림과 같이 캔
버스의 모서리를 클릭&드래그해 크
기를 조절합니다. 아랫부분의 이
미지를 생성하기 위해 Contextual
Task Bar(상황별 작업 표시줄)의 ❸
[Generate(생성)] 버튼을 클릭합니다.

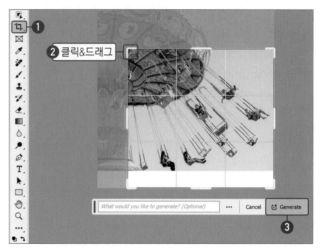

03 Properties(속성) 패널에서 마음에
드는 이미지를 고릅니다.

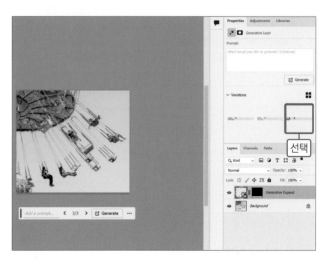

04 ❶ Ctrl + Shift + Alt + E 를 눌러 모든 레이어를 병합한 레이어를 만듭니다. 사람 부분의 누끼를 따기
위해 ❷ Channels(채널) 패널의 탭을 클릭합니다. Red(빨강), Green(초록), Blue(파랑) 세 가지 채널 중
윤곽이 가장 또렷하고 대비가 큰 ❸ Blue(파랑) 채널을 선택해 새 채널 버튼(▣)으로 클릭&드래그하여
복제합니다.

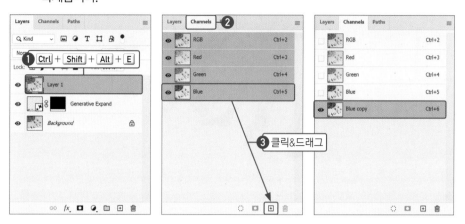

> TIP RGB 색상 모드에서 각 채널은 빨강, 초록, 파랑 세 가지 색상을 흰색으로 표시합니다. 예제 이미지는 파란색의 비중이 크기
> 때문에 하늘을 흰색으로, 다른 피사체를 검은색으로 표시하는 Blue(파랑) 채널에서 대비가 가장 뚜렷합니다. 이미지마다 색상의 비
> 중이 다르기 때문에 누끼를 세밀하게 따고 싶을 때는 각 채널을 클릭해 대비가 가장 큰 채널을 선택합니다.

05 윤곽을 더 또렷하게 만들기 위해 ❶
Image(이미지) – ❷ Adjustments
(조정) – ❸ Levels(레벨)를 클릭합
니다.

06 ❶ 그림과 같이 화살표를 클릭&드래그해 밝기를 조정하고 ❷ [OK(확인)] 버튼을 클릭합니다.

> **TIP** 하늘그네 부분을 완전한 검은색으로, 하늘 부분을 완전한 흰색으로 만드는 것이 좋습니다. Levels(레벨) 창의 [Options(옵션)] 버튼 아래에 있는 검은색과 흰색 스포이드를 사용하면 캔버스에서 클릭한 곳을 완전한 검은색과 흰색으로 변경할 수 있습니다.

07 'Blue copy(파랑 복사)' 채널의 축소판을 Ctrl을 누른 상태에서 클릭해 선택합니다.

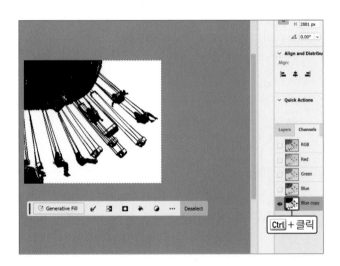

08 ❶ Layers(레이어) 패널의 탭을 클릭하고 ❷ 'Layer 1(레이어 1)' 레이어를 클릭합니다. ❸ Ctrl + Shift + I를 눌러 선택 영역을 반전시키고 ❹ Ctrl + C를 눌러 복사합니다.

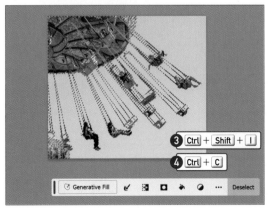

09 ❶ 'Untitled-1(제목없음-1)' 파일 탭을 클릭해 제작 중이던 파일로 돌아간 후 ❷ Ctrl + V 를 눌러 붙여 넣습니다.

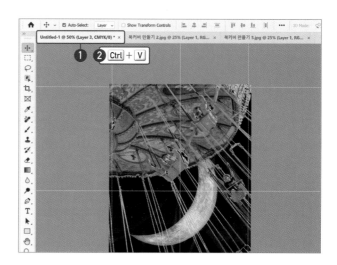

10 ❷ Ctrl + T 를 누르고 ❷ 크기와 위치를 조절합니다. Contextual Task Bar(상황별 작업 표시줄)의 ❸ ⋈ 버튼을 클릭해 이미지의 좌우를 반전하고 ❹ Enter 를 누릅니다.

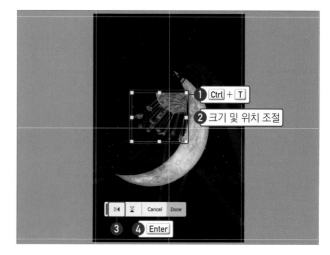

11 하늘그네 이미지의 색을 바꾸기 위해 Layers(레이어) 패널에서 ❶ 'Layer 3' 레이어의 빈 공간을 더블 클릭하여 Layer Style(레이어 스타일) 창을 엽니다. ❷ Color Overlay(색상 오버레이) 메뉴를 클릭하고 ❸~❹ 그림과 같이 설정합니다.

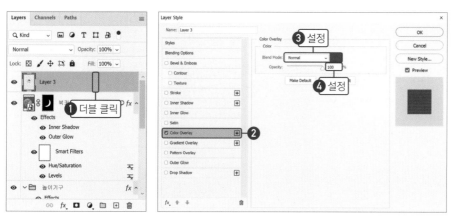

• **Blend Mode(혼합 모드)**: Normal(표준), #dc215f • **Opacity(불투명도)**: 100%

12 입체감을 주기 위해 ❶ Inner Glow (내부 광선) 메뉴를 클릭하고 ❷~❼ 그림과 같이 설정한 후 ❽ [OK(확인)] 버튼을 클릭합니다.

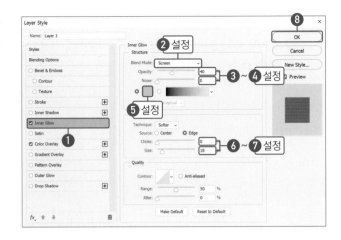

- Blend Mode(혼합 모드): Screen(스크린)
- Opacity(불투명도): 40%
- Noise(노이즈): 0%

- Color(색상): #f6bed2
- Choke(경계 감소): 0%
- Size(크기): 18 px

13 ❶ Eraser Tool(지우개 도구, 🧽)을 클릭합니다. 옵션바의 ❷ 브러시 모양 버튼(🔘)을 클릭하고 ❸ General Brushes(일반 브러시) – ❹ Hard Round(선명한 원)를 클릭한 후 ❺ 키보드의 []와 []를 눌러 마우스의 크기를 조절합니다.

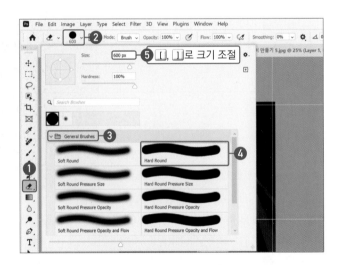

14 하늘그네 이미지의 오른쪽 윗부분을 클릭해 지웁니다.

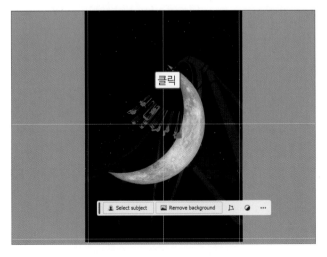

15 하늘그네 이미지의 줄을 생성하기 위해 ❶ Lasso Tool(올가미 도구, ⟨⟩)을 클릭하고 ❷ 줄을 생성할 부분을 클릭&드래그해 선택합니다. Contextual Task Bar(상황별 작업 표시줄)의 ❸ [Generative Fill(생성형 채우기)] 버튼을 클릭합니다.

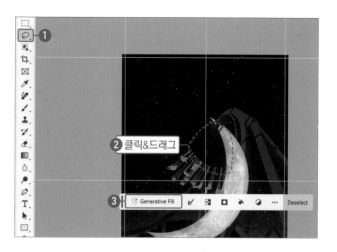

16 ❶ '줄'을 입력하고 ❷ [Generate(생성)] 버튼을 클릭한 후 Properties (속성) 패널에서 ❸ 마음에 드는 이미지를 고릅니다.

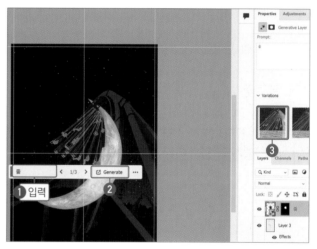

호수 이미지 생성하고 나무 이미지 합성하기

북커버 아랫부분에 호수 이미지를 생성하고 나무 이미지를 자연스럽게 합성하겠습니다.

01 ❶ Rectangular Marquee Tool(사각형 선택 윤곽 도구, ⟨⟩)을 클릭하고 ❷ 호수 이미지를 생성할 영역을 클릭&드래그해 선택한 후 Contextual Task Bar(상황별 작업 표시줄)의 ❸ [Generative Fill(생성형 채우기)] 버튼을 클릭합니다.

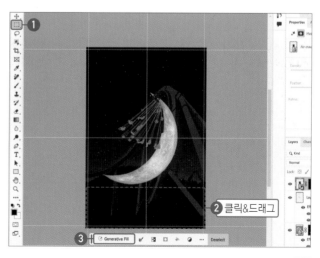

02 ❶ '호수'를 입력하고 ❷ [Generate (생성)] 버튼을 클릭한 후 Proper ties(속성) 패널에서 ❸ 마음에 드는 이미지를 고릅니다.

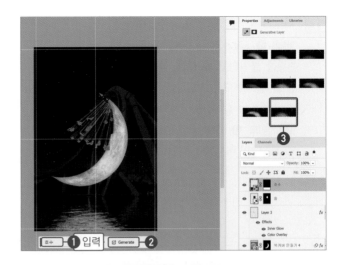

03 아랫부분에 풀숲 이미지를 생성하기 위해 ❶ 클릭&드래그해 영역을 선택한 후 Contextual Task Bar(상황별 작업 표시줄)의 ❷ [Generative Fill(생성형 채우기)] 버튼을 클릭합니다.

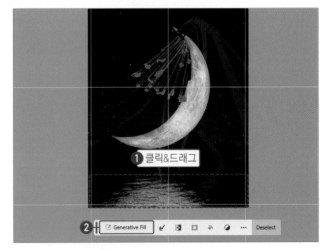

04 ❶ '나무'를 입력하고 ❷ [Generate (생성)] 버튼을 클릭한 후 Proper ties(속성) 패널에서 ❸ 마음에 드는 이미지를 고릅니다.

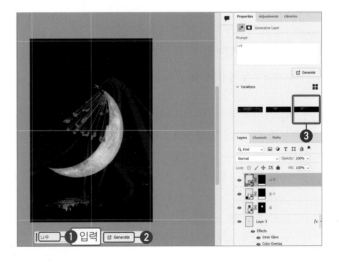

05 File(파일) – Open(열기) 명령으로 '북커버 만들기 6.jpg'를 불러옵니다.

준비파일 열기

06 나무의 누끼를 따기 위해 ❶ Channels(채널) 패널의 탭을 클릭하고 Red(빨강), Green(초록), Blue(파랑) 세 가지 채널 중 가장 윤곽이 또렷하고 대비가 큰 ❷ Blue(파랑) 채널을 선택해 새 채널 버튼(⊡)으로 클릭&드래그하여 복제합니다.

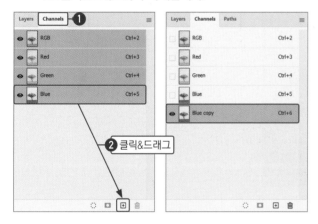

❷ 클릭&드래그

07 윤곽을 더 또렷하게 하기 위해 ❶ Image(이미지) – ❷ Adjustments(조정) – ❸ Levels(레벨)를 클릭합니다.

08 ❶ 그림과 같이 화살표를 클릭&드래그해 밝기를 조정하고 ❷ [OK(확인)] 버튼을 클릭합니다.

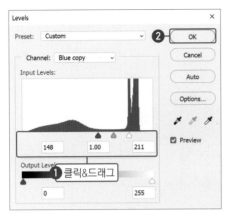

09 ❶ 'Blue copy(파랑 복사)' 채널의 축소판을 Ctrl을 누른 상태에서 클릭하여 선택하고 ❷ 'RGB' 채널의
축소판을 클릭해 이미지의 색상이 보이게 합니다.

10 ❶ Layers(레이어) 패널의 탭을 클
릭하고 ❷ Ctrl + Shift + I 를 눌러
선택 영역을 반전시킵니다.

11 ❶ Rectangular Marquee Tool(사 각형 선택 윤곽 도구, □)을 클릭하고 ❷ 불필요한 잔디 영역을 Alt 를 누른 상태에서 클릭&드래그해 선택 영역에서 제외합니다. ❸ Ctrl + C 를 눌러 복사합니다.

12 ❶ 'Untitled-1(제목없음-1)' 파일 탭을 클릭해 제작 중이던 파일로 돌아 간 후 ❷ Ctrl + V 를 눌러 붙여 넣습니다.

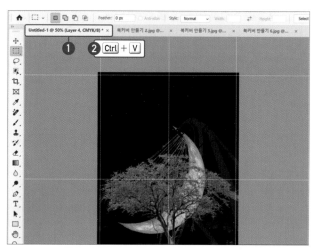

13 나무 이미지의 밝기를 다른 이미지 와 맞추기 위해 ❶ Image(이미지) − ❷ Adjustments(조정) − ❸ Levels (레벨)를 클릭합니다.

14 ❶ 그림과 같이 화살표를 클릭&드래그해 밝기를 어둡게 조정하고 ❷ [OK(확인)] 버튼을 클릭합니다.

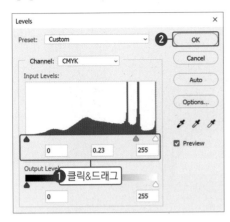 

15 색상을 조정하기 위해 ❶ Image(이미지) – ❷ Adjustments(조정) – ❸ Hue/Saturation(색조/채도)을 클릭합니다.

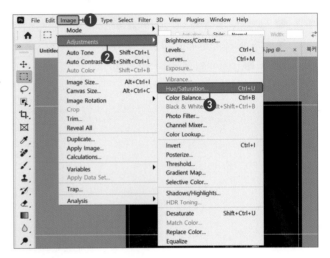

16 ❶~❸ 그림과 같이 설정한 후 ❹ [OK(확인)] 버튼을 클릭합니다.

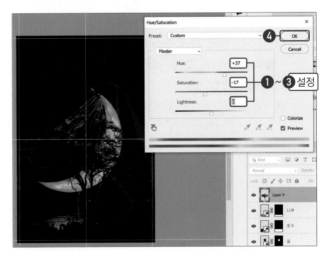

· Hue(색조): +37
· Saturation(채도): -17
· Lightness(밝기): 0

17 ❶ Ctrl + T를 누르고 ❷ 크기와 위치를 조절한 후 ❸ Enter를 누릅니다.

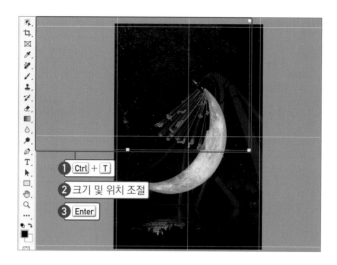

18 ❶ Filter(필터) − ❷ Liquify(픽셀 유동화)를 클릭합니다.

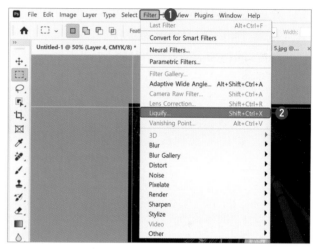

19 ❶ Forward Warp Tool(뒤틀기 도구, 💧)을 클릭합니다. 오른쪽 메뉴의 ❷ Pressure(압력)를 '70'으로 ❸ Density(밀도)를 '40'으로 설정하고 ❹ 키보드의 [와]를 눌러 마우스의 크기를 조절합니다.

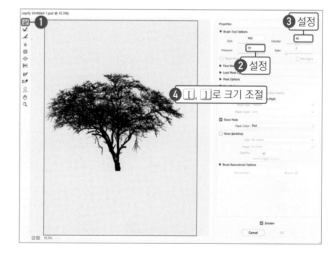

20 View Options(보기 옵션)의 ❶ Show Backdrop(배경 표시)을 체크하고 ❷ Opacity(불투명도)를 '50'으로 설정해 배경을 반투명하게 표시합니다.

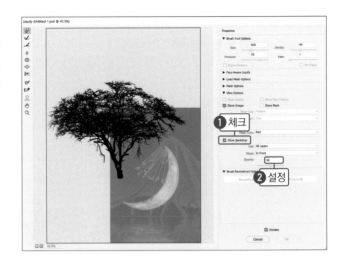

21 ❶ 나무의 기둥을 왼쪽으로 클릭&드래그해 캔버스의 바깥으로 왜곡하고 ❷ [OK(확인)] 버튼을 클릭합니다.

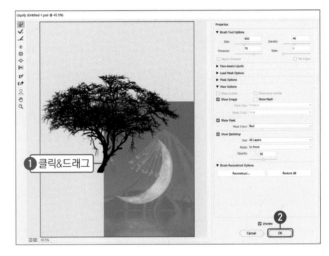

22 Layers(레이어) 패널에서 ❶ 'Layer 4(레이어 4)' 레이어를 클릭하고 ❷ '호수' 레이어를 Shift 를 누른 상태에서 클릭해 중복 선택합니다. ❸ Ctrl + G 를 눌러 그룹으로 묶고 ❹ 그룹 레이어의 이름을 더블 클릭합니다. ❺ '나무와 호수'를 입력한 후 Enter 를 누릅니다.

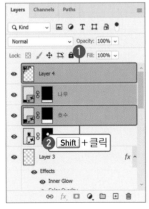  

23 Layers(레이어) 패널에서 ❶ '줄' 레이어를 클릭하고 ❷ '북커버 만들기 4' 레이어를 Shift 를 누른 상태에서 클릭해 중복 선택합니다. ❸ Ctrl + G 를 눌러 그룹으로 묶고 ❹ 그룹 레이어의 이름을 더블 클릭합니다. ❺ '달과 사람'을 입력한 후 Enter 를 누릅니다.

브러시로 별똥별 그리기

북커버 배경 이미지에 브러시로 별똥별을 그려 조금 더 신비로운 느낌을 더하겠습니다.

01 별똥별을 그리기 위해 Layers(레이어) 패널에서 ❶ '나무와 호수', '달과 사람', '놀이기구' 그룹 레이어의 눈을 모두 클릭해 끕니다. ❷ '북커버 만들기 1' 레이어를 클릭하고 ❸ 새 레이어 버튼(▣)을 클릭합니다.

02 ❶ Brush Tool(브러시 도구, 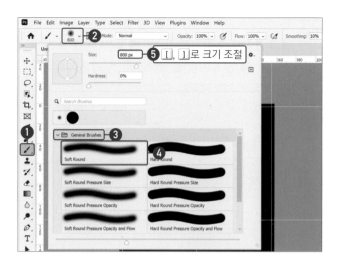)
을 클릭합니다. 옵션바의 ❷ 브러
시 모양 버튼(⬤)을 클릭하고 ❸
General Brushes(일반 브러시) –
❹ Soft Round(부드러운 원)를 클릭
한 후 ❺ 키보드의 [와] 를 눌러
마우스의 크기를 조절합니다.

03 ❶ 전경색을 클릭하고 ❷ 색상을
'#fffcf7'로 설정한 후 ❸ [OK(확인)]
버튼을 클릭합니다.

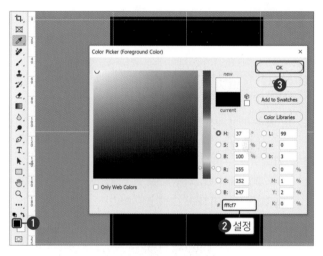

04 ❶ 캔버스를 한 번 클릭해 브러시를 칠합니다. ❷ Ctrl + T 를 누르고 ❸ 변형 상자의 위쪽 가운데 점을
아래로 클릭&드래그하면서 Shift 를 눌러 가로로 납작하게 만듭니다. ❹ Enter 를 눌러 마무리합니다.

05 ❶ Rectangular Marquee Tool
(사각형 선택 윤곽 도구, ▣)을 클릭
하고 ❷ 그림과 같이 오른쪽 절반만
클릭&드래그해 선택합니다.

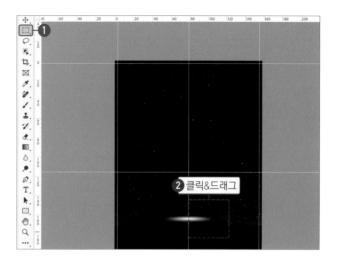

06 ❶ Ctrl + T 를 누르고 ❷ 변형 상자의 오른쪽 가운데 점을 왼쪽으로 클릭&드래그하면서 Shift 를 눌러
세로로 납작하게 만듭니다. ❸ Enter 를 누르고 ❹ Ctrl + D 를 눌러 선택 영역을 해제합니다.

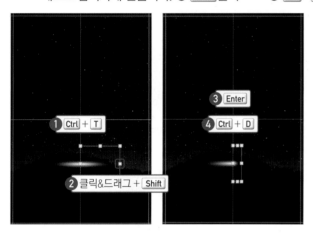

07 ❶ 다시 Ctrl + T 를 누르고 ❷ 변형 상자의 바깥쪽을 클릭&드래그하면서 Shift 를 눌러 45도 회전합니
다. ❸ 변형 상자의 안쪽을 클릭&드래그해 이동한 후 ❹ Enter 를 누릅니다.

08 Layers(레이어) 패널에서 ❶ 'Layer 5(레이어 5)' 레이어의 이름을 더블 클릭합니다. ❷ '별똥별 – 브러시'를 입력한 후 Enter를 누릅니다.

09 ❶ Ctrl + J를 눌러 '별똥별 – 브러시' 레이어를 복제합니다. ❷ Ctrl + T를 누르고 ❸ 크기와 위치를 조절한 후 ❹ Enter를 누릅니다.

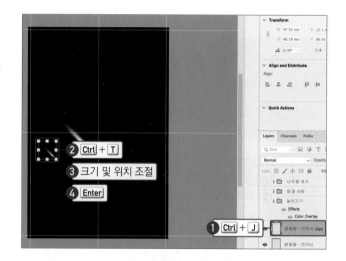

10 09를 네 번 더 반복합니다.

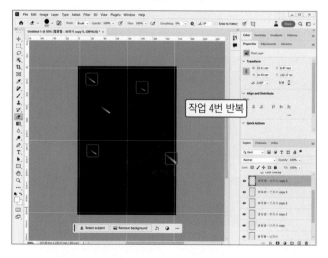

11 Layers(레이어) 패널에서 ❶ '별똥별 – 브러시' 레이어를 클릭하고 ❷ '별똥별 – 브러시 copy 5(별똥별 – 브러시 복사 5)' 레이어를 Shift를 누른 상태에서 클릭해 중복 선택합니다. ❸ Ctrl + G를 눌러 그룹으로 묶고 ❹ 그룹 레이어의 이름을 더블 클릭합니다. ❺ '별똥별'을 입력한 후 Enter를 누릅니다.

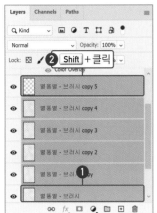  

북커버 타이포그래피 완성하기

북커버의 제목으로 들어갈 타이포그래피를 만들어 보겠습니다. 예제와 같이 어두운 배경에서는 텍스트의 가독성이 떨어질 수 있기 때문에 텍스트 외곽선에 테두리나 광선 효과를 넣는 것이 좋습니다.

01 Layers(레이어) 패널에서 ❶ '나무와 호수', '달과 사람', '놀이기구' 그룹 레이어의 눈을 모두 클릭해 켭니다. 맨 위에 문자 레이어를 만들기 위해 ❷ '나무와 호수' 그룹 레이어를 클릭합니다.

02 ❶ Horizontal Type Tool(수평 문자 도구, T.)을 클릭하고 ❷ 캔버스의 왼쪽 위를 클릭해 '김지은 지음'을 입력합니다. ❸ '김지은' 부분만 클릭&드래그해 선택한 후 ❹~❼ 옵션바를 그림과 같이 설정합니다.

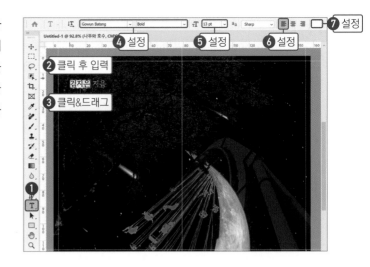

- **폰트:** Gowun Batang Bold
- **크기:** 13 pt
- **정렬:** 왼쪽 정렬
- **색상:** #ffffff

03 ❶ '지음' 부분만 클릭&드래그해 선택한 후 ❷~❺ 옵션바를 그림과 같이 설정하고 ❻ Ctrl + Enter 를 눌러 마무리합니다.

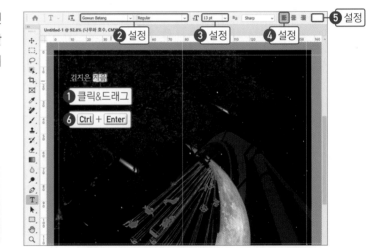

- **폰트:** Gowun Batang Regular
- **크기:** 13 pt
- **정렬:** 왼쪽 정렬
- **색상:** #ffffff

04 ❶ Horizontal Type Tool(수평 문자 도구, T.)을 마우스 오른쪽 버튼으로 클릭하고 ❷ Vertical Type Tool(수직 문자 도구, T.)을 클릭합니다.

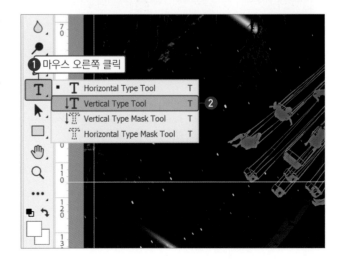

05 ❶ 캔버스의 오른쪽 위를 클릭하고 '달의 놀이공원'을 입력한 후 ❷ Ctrl + Enter 를 눌러 마무리합니다. Properties(속성) 패널에서 ❸~❼ 그림과 같이 설정합니다.

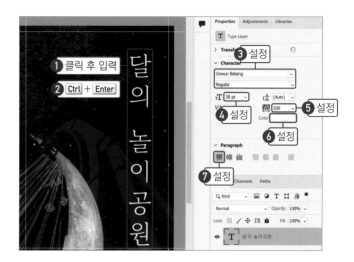

- **폰트:** Gowun Batang Regular
- **크기:** 38 pt
- **자간:** 200

- **색상:** #ffffff
- **정렬:** 위쪽 정렬

06 Layers(레이어) 패널에서 ❶ '달의 놀이공원' 레이어를 클릭하고 ❷ '김지은 지음' 레이어를 Shift 를 누른 상태에서 클릭해 중복 선택합니다. ❸ Ctrl + G 를 눌러 그룹으로 묶고 ❹ 그룹 레이어의 이름을 더블 클릭합니다. ❺ 'text'를 입력한 후 Enter 를 누릅니다.

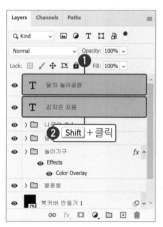  

07 텍스트에 빛나는 광선 효과를 넣기 위해 ❶ 'text' 그룹 레이어의 빈 공간을 더블 클릭해 Layer Style(레이어 스타일) 창을 엽니다. ❷ Outer Glow(외부 광선) 메뉴를 클릭하고 ❸~❽ 그림과 같이 설정합니다.

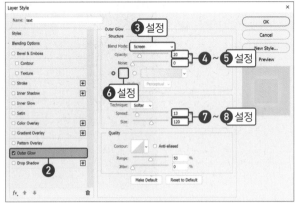

- Blend Mode(혼합 모드): Screen(스크린)
- Opacity(불투명도): 20%
- Noise(노이즈): 0%

- 색상: #fff1f8
- Spread(스프레드): 13%
- Size(크기): 120 px

08 텍스트를 조금 더 두껍게 하기 위해 ❶ Stroke(획) 메뉴를 클릭하고 ❷~❼ 그림과 같이 설정한 후 ❽ [OK(확인)] 버튼을 클릭합니다. 로맨틱 판타지 소설의 북커버 만들기를 완성했습니다.

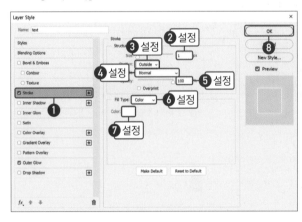

- Size(크기): 1 px
- Position(위치): Outside(바깥쪽)
- Blend Mode(혼합 모드): Normal(표준)

- Opacity(불투명도): 100%
- Fill Type(칠 유형): Color(색상)
- Color(색상): #ffffff

인공지능으로 책 목업 이미지를 생성해 완성한 북커버 이미지와 합성하겠습니다. 목업이란 실제 제작했을 때의 느낌을 가늠하기 위해 가상으로 시뮬레이션해 보는 것을 말합니다.

01 ❶ File(파일) – New(새로 만들기) 명령으로 New Document(새 문서) 창을 열고 ❷~❺ 그림과 같이 설정한 후 ❻ [Create(만들기)] 버튼을 클릭합니다.

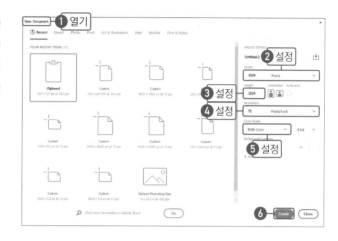

- **Width(폭):** 1024 Pixels
- **Height(높이):** 1024 Pixels
- **Resolution(해상도):** 72 Pixels/Inch
- **Color Mode(색상 모드):** RGB Color

02 책 목업 이미지를 생성하기 위해 ❶ Ctrl + A 를 눌러 캔버스 전체를 선택하고 Contextual Task Bar(상황별 작업 표시줄)의 ❷ [Generative Fill(생성형 채우기)] 버튼을 클릭합니다.

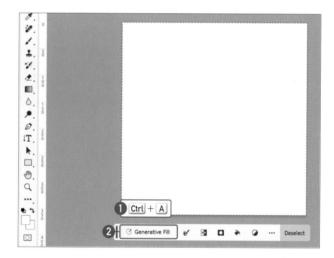

03 ❶ 'book mockup'을 입력한 후 ❷ [Generate(생성)] 버튼을 클릭하고 Properties(속성) 패널에서 ❸ 마음에 드는 이미지를 고릅니다.

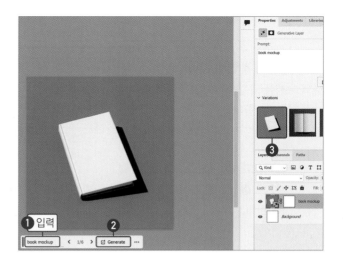

TIP 한글로 '책 목업'을 입력하면 제대로 된 이미지를 생성하지 못하기 때문에 영어로 입력하는 것이 좋습니다. 인공지능이 특정 단어를 제대로 인식하지 못 하는 경우에는 영어로 검색해 봅니다.

04 소설책의 판형인 신국판과 동일한 비율의 사각형을 만들기 위해 ❶ Rectangle Tool(사각형 도구, □)을 클릭하고 ❷ 캔버스를 한 번 클릭합니다. ❸ Width(폭)에 '152 px'을 ❹ Height(높이)에 '225 px'을 입력하고 ❺ [OK(확인)] 버튼을 클릭합니다.

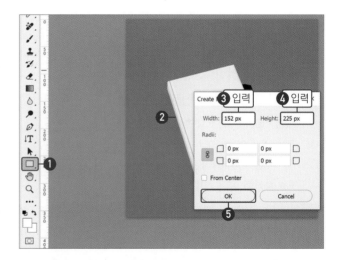

05 ❶ 사각형의 모서리를 클릭&드래그하면서 Shift 를 눌러 책 표지와 비슷한 크기로 키웁니다. Layers(레이어) 패널에서 ❷ 'Rectangle 1(사각형 1)' 레이어를 마우스 오른쪽 버튼으로 클릭하고 ❸ Convert to Smart Object(고급 개체로 변환)를 클릭합니다.

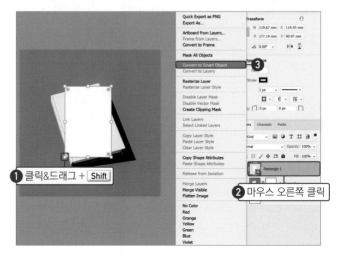

06 ❶ 이전에 만든 'Untitled-1(제목없음-1)' 파일 탭을 클릭하고 ❷ Ctrl + A를 눌러 전체 영역을 선택합니다. ❸ Ctrl + Shift + C를 눌러 이미지를 복사합니다.

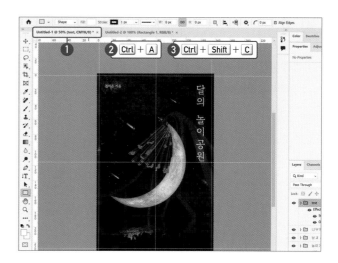

> **TIP** Ctrl + C 를 누르면 Layers(레이어) 패널에서 선택한 레이어만 복사되고, Ctrl + Shift + C 를 누르면 캔버스에 보이는 이미지가 모두 복사됩니다.

07 다시 'Untitled-2(제목없음-2)' 파일 탭을 클릭합니다.

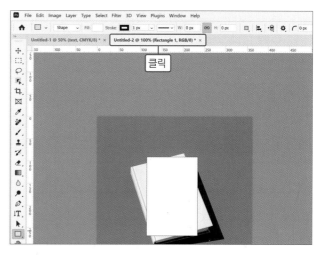

08 Layers(레이어) 패널에서 ❶ 'Rectangle 1(사각형 1)' 레이어의 축소판을 더블 클릭해 psb 파일을 열어 줍니다. ❷ Ctrl + V를 눌러 방금 전 복사한 북커버 이미지를 붙여 넣습니다.

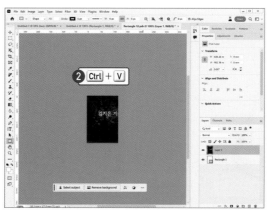

> **TIP** Smart Object(고급 개체)는 psb 확장자를 가진 별도의 파일을 생성하며 원본 파일의 레이어를 모두 그대로 가지고 있습니다.

09 ❶ Ctrl + T 를 누르고 북커버 이미
지가 잘 보이도록 ❷ 크기와 위치를
조절합니다. ❸ Enter 를 눌러 마무
리하고 ❹ Ctrl + S 를 눌러 저장합
니다.

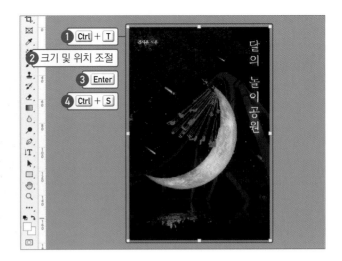

10 ❶ 'Untitled-2(제목없음-2)' 파일 탭을 클릭해 이미지가 들어간 것을 확인합니다. Layers(레이어) 패널
의 ❷ 혼합 모드를 'Multiply(곱하기)'로 설정합니다.

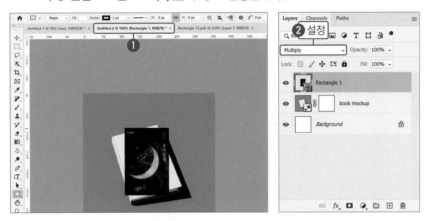

11 ❶ Ctrl + T 를 누르고 ❷ 변형 상자의 네 모서리를 Ctrl 을 누른 상태에서 클릭&드래그해 책 표지 모양
에 맞게 왜곡합니다. ❸ Enter 를 눌러 마무리합니다.

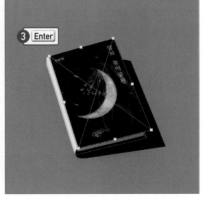

12 ❶ Object Selection Tool(개체 선택 도구, ▣)을 마우스 오른쪽 버튼으로 클릭하고 ❷ Quick Selection Tool(빠른 선택 도구, ▣)을 클릭합니다.

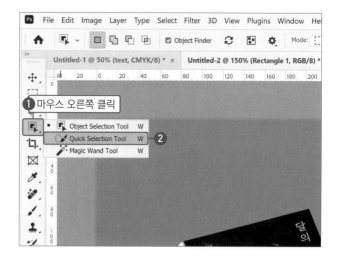

13 Layers(레이어) 패널에서 ❶ 'book mockup(책 목업)' 레이어를 클릭합니다. 옵션바의 ❷ Select Subject(피사체 선택)를 클릭합니다.

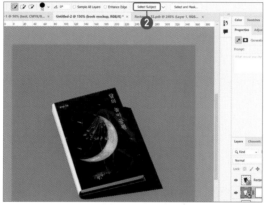

14 Alt 를 누른 상태에서 그림자를 클릭&드래그해 선택 영역에서 제외합니다.

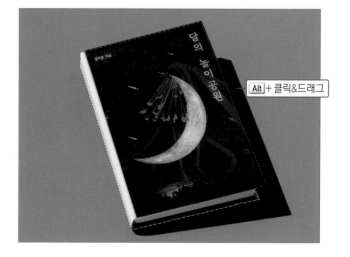

15 ❶ Ctrl + Shift + I 를 눌러 선택 영역을 반전합니다. Layers(레이어) 패널에서 ❷ 조정 레이어 버튼(◧) − ❸ Solid Color(단색)를 클릭합니다.

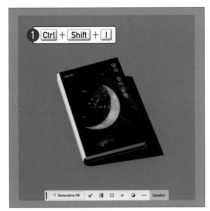 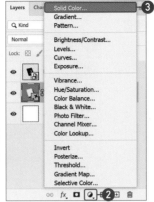

16 ❶ 색상을 '#61131d'로 설정하고 ❷ [OK(확인)] 버튼을 클릭합니다.

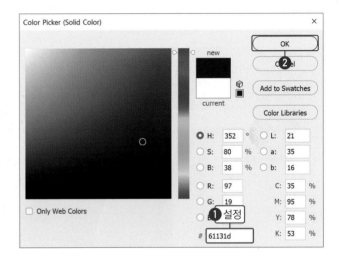

17 Layers(레이어) 패널의 혼합 모드를 'Overlay(오버레이)'로 설정합니다.

18 책등을 만들기 위해 Layers(레이어) 패널에서 ❶ 'Rectangle 1(사각형 1)' 레이어를 클릭하고 ❷ Ctrl + J 를 눌러 복제합니다.

19 ❶ Ctrl + T 를 누르고 ❷ 오른쪽 가운데 점을 Ctrl 을 누른 상태에서 클릭&드래그해 왼쪽으로 뒤집습니다.

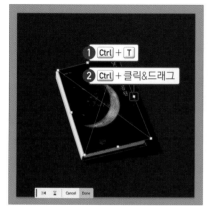 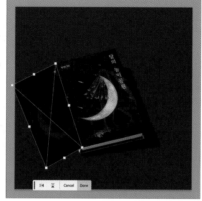

20 ❶ 네 모서리의 점도 각각 Ctrl 을 누른 상태에서 클릭&드래그해 책등에 빈 공간이 없게 만든 후 ❷ Enter 를 누릅니다.

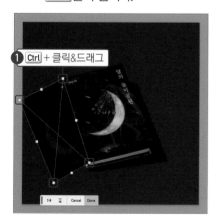 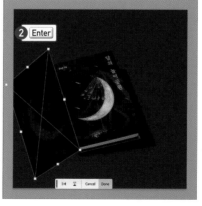

TIP 롤러코스터의 끝부분을 서로 만나게 하면 자연스럽습니다. 상단에 있는 흰색의 텍스트는 책등에서 보이지 않게 합니다.

21 Layers(레이어) 패널에서 'Color Fill 1(색상 칠 1)' 레이어의 레이어 마스크를 Alt 를 누른 상태에서 클릭&드래그해 'Rectangle 1 copy(사각형 1 복사)' 레이어에 놓아 복사합니다.

22 ❶ 복사한 레이어 마스크를 클릭합니다. ❷ Ctrl + I 를 눌러 반전시킵니다.

23 밝기를 보정하기 위해 Layers(레이어) 패널에서 ❶ 'Rectangle 1 copy(사각형 1 복사)' 레이어의 축소판을 클릭합니다. ❷ Image(이미지) – ❸ Adjustments(조정) – ❹ Levels(레벨)를 클릭합니다.

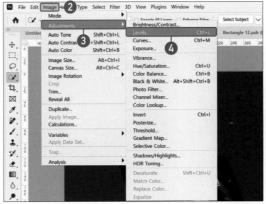

24 ❶ 그림과 같이 화살표를 클릭&드래그해 조정하고 ❷ [OK(확인)] 버튼을 클릭합니다.

25 북커버 이미지를 목업에 합성하였습니다.

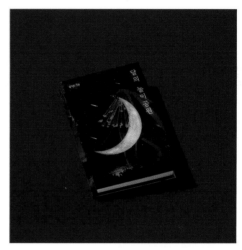

판타지 영화 포스터 만들기

판타지 장르 영화의 포스터를 만들어 보겠습니다. 판타지 장르의 경우 다양한 디자인 요소를 사용해 신비롭고 비밀스러운 느낌을 강조합니다. 주로 채도가 높은 이미지를 사용하는데 너무 많은 색을 사용하기보다 한두 가지의 메인 색상을 정해 사용하는 것이 좋습니다.

미리보기

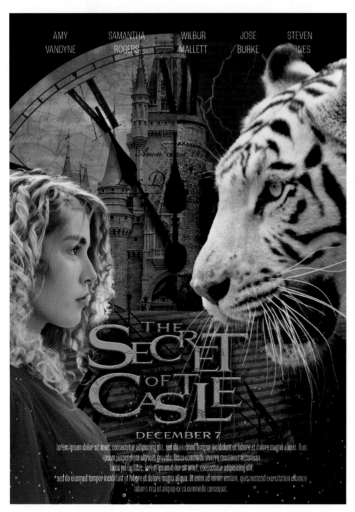

📁 예제파일 P02\Ch06\02\포스터 만들기 1.jpg, 포스터 만들기 2.jpg, 포스터 만들기 3.jpg,
　　　　　 포스터 만들기 4.jpg, 포스터 만들기 5.jpg, 포스터 만들기 6.jpg, 포스터 만들기 7.jpg
📁 완성파일 P02\Ch06\02\판타지 영화 포스터 만들기_완성.psd

배경 이미지 확장하고 합성하기

배경으로 사용할 이미지를 인공지능으로 확장하고 다양한 이미지를 합성해 포스터의 배경을 완성하겠습니다. 영화 포스터는 배경보다 등장인물에게 시선이 가도록 하는 것이 좋기 때문에 수직과 수평을 맞춰 배경 이미지를 배치하고 밝기를 최대한 낮춰 줍니다.

01 A4 사이즈로 새 문서를 만들기 위해 ❶ File(파일) – New(새로 만들기) 명령으로 New Document(새 문서) 창을 열고 ❷~❺ 그림과 같이 설정한 후 ❻ [Create(만들기)] 버튼을 클릭합니다.

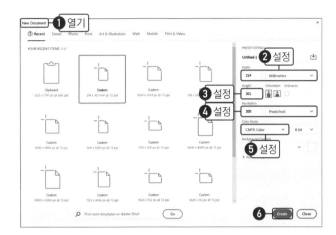

- Width(폭): 214 Millimeters
- Height(높이): 301 Millimeters
- Resolution(해상도): 300 Pixels/Inch
- Color Mode(색상 모드): CMYK Color

> **TIP** A4 사이즈는 '210×297 mm'이지만 인쇄할 때 잘릴 것을 대비해 상하좌우 '2 mm'씩 더 크게 만드는 것이 좋습니다. '1024 px' 이상의 사이즈에서 Generative Fill(생성형 채우기)을 사용하면 화질 저하의 문제가 있기 때문에 적당한 사이즈로 설정합니다.

02 포스터의 중심과 잘려나갈 영역을 표시하기 위해 ❶ View(보기) – ❷ Guides(안내선) – ❸ New Guide Layout(새 안내선 레이아웃)을 클릭합니다. ❹~❾ 그림과 같이 설정한 후 ❿ [OK(확인)] 버튼을 클릭합니다.

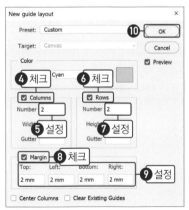

- Columns(열): 체크
- Number(번호): 2
- Rows(행): 체크
- Number(번호): 2
- Margin(여백): 체크
- Top(위쪽), Left(왼쪽), Bottom(아래쪽), Right(오른쪽): 2 mm

03 ❶ File(파일) – Place Embedded (포함 가져오기) 명령으로 '포스터 만들기 1.jpg'를 불러옵니다. ❷ 크기와 위치를 조절하고 ❸ Enter 를 누릅니다.

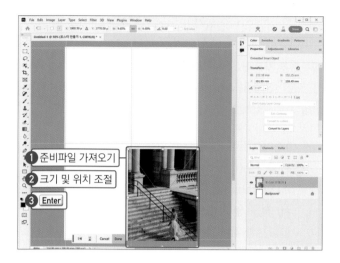

04 이미지의 계단을 확장하기 위해 ❶ Rectangular Marquee Tool(사각형 선택 윤곽 도구, ⬚)을 클릭하고 ❷ 그림과 같이 클릭&드래그해 영역을 선택합니다.

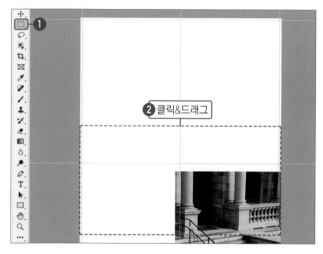

05 옵션바의 ❶ 🔲 버튼을 클릭합니다. ❷ 그림과 같이 클릭&드래그해 선택 영역을 추가합니다.

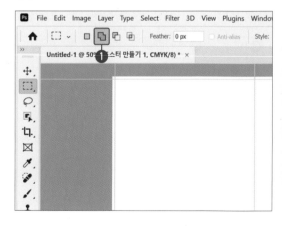

06 ❶ Lasso Tool(올가미 도구, ⟦⟧)을 클릭한 후 옵션바의 ❷ ⟦⟧ 버튼을 클릭합니다. ❸ 그림과 같이 클릭&드래그해 선택 영역을 추가하고 Contextual Task Bar(상황별 작업 표시줄)의 ❹ [Generative Fill(생성형 채우기)] 버튼을 클릭합니다.

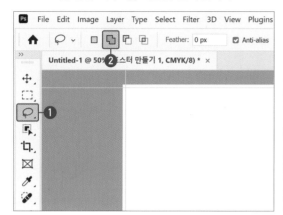

07 ❶ [Generate(생성)] 버튼을 클릭하고 Properties(속성) 패널에서 ❷ 마음에 드는 이미지를 고릅니다.

08 Layers(레이어) 패널의 ❶ 조정 레이어 버튼(⟦⟧) – ❷ Hue/Saturation(색조/채도)을 클릭합니다.

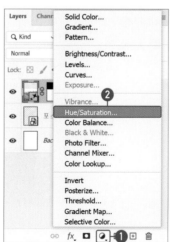

09 Properties(속성) 패널에서 ❶~❸ 그림과 같이 설정합니다.

- Hue(색조): +34
- Saturation(채도): +60
- Lightness(밝기): 0

10 ❶ File(파일) – Place Embedded (포함 가져오기) 명령으로 '포스터 만들기 2.jpg'를 불러옵니다. ❷ 크기와 위치를 조절하고 ❸ Enter 를 누릅니다.

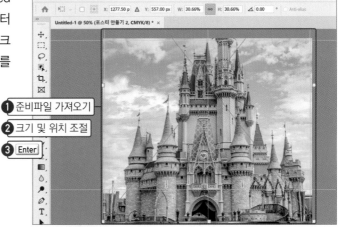

❶ 준비파일 가져오기
❷ 크기 및 위치 조절
❸ Enter

11 ❶ File(파일) – Place Embedded (포함 가져오기) 명령으로 '포스터 만들기 3.jpg'를 불러옵니다. ❷ 크기와 위치를 조절하고 ❸ Enter 를 누릅니다.

❶ 준비파일 가져오기
❷ 크기 및 위치 조절
❸ Enter

12 세 번째로 불러온 성 이미지의 대비를 높이기 위해 ❶ Image(이미지) - ❷ Adjustments(조정) - ❸ Curves(곡선)를 클릭합니다.

13 ❶ 그림과 같이 클릭&드래그한 후 ❷ [OK(확인)] 버튼을 클릭합니다. 판타지 장르의 경우 어둡고 비밀스러운 느낌을 살리기 위해 대비를 높이는 경우가 많습니다.

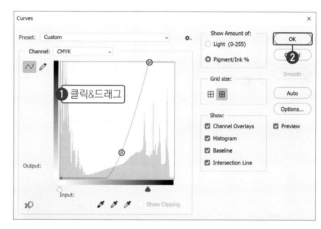

14 ❶ Rectangular Marquee Tool(사각형 선택 윤곽 도구, ▭)을 클릭하고 ❷ 그림과 같이 클릭&드래그해 성 이미지의 오른쪽 부분만 선택합니다.

15 Layers(레이어) 패널의 레이어 마스크 버튼(■)을 클릭합니다.

16 번개 이미지를 생성하기 위해 Layers(레이어) 패널에서 '포스터 만들기 2'와 '포스터 만들기 3' 레이어의 눈을 클릭해 끕니다.

TIP Generative Fill(생성형 채우기)은 이미지를 생성할 때 주변의 이미지에 영향을 받기 때문에 전혀 다른 분위기의 이미지를 생성하려면 다른 레이어의 눈을 끄는 것이 좋습니다.

17 ❶ 그림과 같이 넓게 클릭&드래그해 선택하고 Contextual Task Bar (상황별 작업 표시줄)의 ❷ [Generative Fill(생성형 채우기)] 버튼을 클릭합니다.

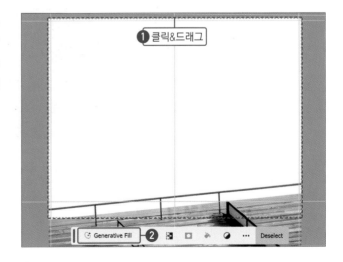

18 Contextual Task Bar(상황별 작업
표시줄)에 ❶ '번개'를 입력합니다.
❷ [Generate(생성)] 버튼을 클릭하
고 Properties(속성) 패널에서 ❸ 마
음에 드는 이미지를 고릅니다.

19 Layers(레이어) 패널에서 다시 '포
스터 만들기 2'와 '포스터 만들기 3'
레이어의 눈을 클릭해 켭니다.

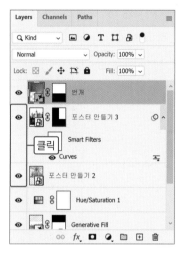

20 ❶ '포스터 만들기 3' 레이어를 클릭
하고 ❷ Select(선택) − ❸ Sky(하
늘)를 클릭합니다.

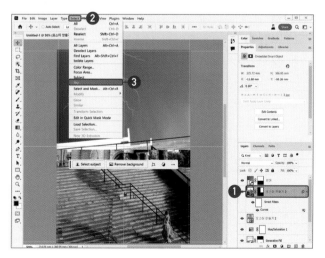

21 ❶ 전경색을 클릭하고 ❷ 색상을 '#000000'으로 설정한 후 ❸ [OK(확인)] 버튼을 클릭합니다.

22 ❶ Ctrl + Shift + I 를 눌러 선택 영역을 반전시키고 ❷ '번개' 레이어의 레이어 마스크를 클릭합니다.

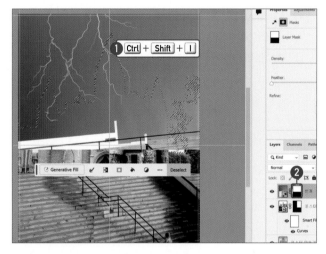

23 ❶ Alt + Delete 를 눌러 전경색을 채우고 ❷ Ctrl + D 를 눌러 선택 영역을 해제합니다.

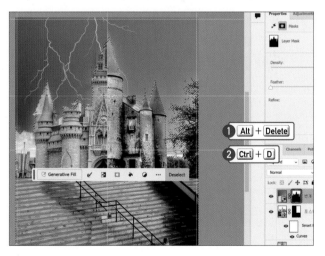

24 Alt 를 누른 상태에서 '번개' 레이어와 '포스터 만들기 3' 레이어의 사이를 클릭해 클리핑 마스크를 만듭니다. 클리핑 마스크는 아래에 있는 영역에만 적용되기 때문에 왼쪽 이미지에는 번개가 보이지 않습니다.

25 번개의 위치를 옮기기 위해 '번개' 레이어의 레이어 마스크 링크 버튼(⑧)을 클릭해 해제합니다.

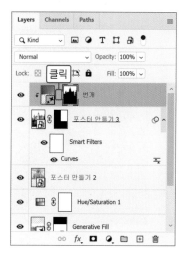

26 ❶ Move Tool(이동 도구, ⊕)을 클릭하고 ❷ Auto-Select(자동 선택)를 체크 해제합니다. ❸ '번개' 레이어의 축소판을 클릭하고 ❹ 캔버스를 클릭&드래그해 오른쪽 이미지에서 번개가 잘 보이게 배치합니다.

> TIP Ctrl + T 를 눌러 번개 이미지의 크기를 조절하거나 회전시켜 배치해도 좋습니다.

27 Layers(레이어) 패널에서 ❶ 조정 레이어 버튼(🔘) – ❷ Hue/Saturation(색조/채도)을 클릭합니다.

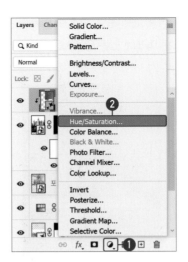

28 Properties(속성) 패널에서 ❶~❹ 그림과 같이 설정하고 ❺ 클리핑 마스크 버튼(🔲)을 클릭합니다. 이렇게 하면 조정 레이어가 '번개'와 '포스터 만들기 3' 레이어에만 적용됩니다.

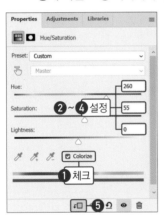

- Colorize(색상화): 체크
- Hue(색조): 260
- Saturation(채도): 55
- Lightness(밝기): 0

29 ❶ File(파일) – Place Embedded (포함 가져오기) 명령으로 '포스터 만들기 4.jpg'를 불러옵니다. ❷ 크기와 위치를 조절하고 ❸ Enter를 누릅니다.

30 시계 이미지를 흑백으로 만들기 위해 ❶ Image(이미지) − ❷ Adjustments(조정) − ❸ Hue/Saturation (색조/채도)을 클릭합니다.

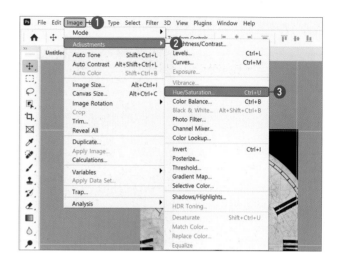

31 ❶~❸ 그림과 같이 설정해 색을 조정한 후 ❹ [OK(확인)] 버튼을 클릭합니다.

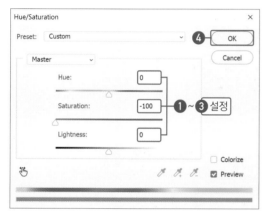

• Hue(색조): 0
• Saturation(채도): −100

• Lightness(밝기): 0

TIP CMYK 모드에서는 채도를 낮춰 흑백으로 만들어도 갈색 혹은 남색으로 보이지만 실제로 인쇄하면 흑백으로 나옵니다.

32 Layers(레이어) 패널에서 혼합 모드를 'Linear Burn(선형 번)'으로 설정합니다.

33 배경을 전체적으로 어둡게 만들기 위해 Layers(레이어) 패널의 ❶ 조정 레이어 버튼(◔) – ❷ Curves(곡선)를 클릭합니다.

34 Properties(속성) 패널에서 그림과 같이 클릭&드래그해 밝기를 낮춥니다.

주인공의 옷과 머리 스타일 변경하기

주인공 이미지를 불러와 옷과 머리 스타일을 변경하고 자연스럽게 누끼를 따서 배치하겠습니다.

01 ❶ File(파일) – Place Embedded (포함 가져오기) 명령으로 '포스터 만들기 5.jpg'를 불러옵니다. ❷ 크기와 위치를 조절하고 ❸ Enter 를 누릅니다.

02 머리 스타일을 바꾸기 위해 ❶ 키보드의 Q 를 눌러 Quick Mask Mode(빠른 마스크 모드)를 활성화합니다. ❷ Brush Tool(브러시 도구, ✏️)을 클릭하고 ❸ 키보드의 [와] 를 눌러 마우스의 크기를 조절합니다.

03 머리 스타일을 변경할 부분을 클릭& 드래그해 칠합니다. 이목구비는 최대한 포함하지 않는 것이 좋습니다.

04 Ctrl + I 를 눌러 선택 영역을 반전 시킵니다.

05 ❶ 다시 키보드의 Q 를 눌러 Quick Mask Mode(빠른 마스크 모드)를 해제합니다. Contextual Task Bar(상황별 작업 표시줄)의 ❷ [Generative Fill(생성형 채우기)] 버튼을 클릭합니다.

06 ❶ '곱슬 머리'를 입력한 후 ❷ [Generate(생성)] 버튼을 클릭합니다. Properties(속성) 패널에서 ❸ 마음에 드는 이미지를 고릅니다.

07 주인공의 옷 스타일을 변경하기 위해 **①** Rectangular Marquee Tool(사각형 선택 윤곽 도구, ▭)을 클릭하고 **②** 옷을 변경할 부분을 클릭&드래그해 선택합니다. Contextual Task Bar(상황별 작업 표시줄)의 **③** [Generative Fill(생성형 채우기)] 버튼을 클릭합니다.

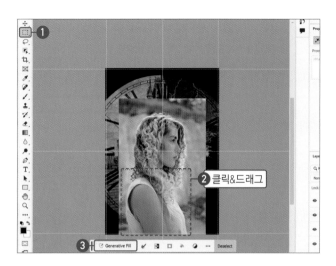

08 **①** '보라색 원피스'를 입력한 후 **②** [Generate(생성)] 버튼을 클릭합니다. Properties(속성) 패널에서 **③** 마음에 드는 이미지를 고릅니다.

09 여자의 누끼를 따기 위해 **①** Object Selection Tool(개체 선택 도구, ▣)을 클릭하고 옵션바의 **②** Sample All Layers(모든 레이어 샘플링)를 체크합니다. **③** Select Subject(피사체 선택)를 클릭하고 머리카락을 세밀하게 선택하기 위해 **④** [Select and Mask(선택 및 마스크)] 버튼을 클릭합니다.

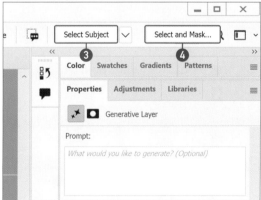

10 View(보기)를 'Overlay(오버레이)'로 설정합니다. 빨간색으로 표시되는 영역이 최종 선택에서 제외되는 영역입니다.

11 옵션바의 ❶ [Refine Hair(가는 선 다듬기)] 버튼을 클릭해 인공지능이 가장자리에 있는 머리카락을 자연스럽게 추적해 준 것을 확인합니다. ❷ Output To(출력 위치)를 'Selection(선택)'으로 설정한 후 ❸ [OK(확인)] 버튼을 클릭합니다.

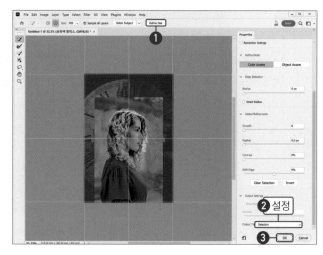

12 Layers(레이어) 패널에서 ❶ '보라색 원피스' 레이어를 클릭하고 ❷ '포스터 만들기 5' 레이어를 Shift 를 누른 상태에서 클릭해 중복 선택합니다. ❸ Ctrl + G 를 눌러 그룹으로 묶고 ❹ 그룹 레이어의 이름을 더블 클릭합니다. ❺ '여자'를 입력한 후 Enter 를 누릅니다.

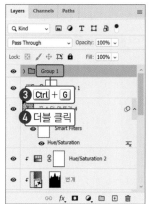

13 Layers(레이어) 패널의 레이어 마스크 버튼(▣)을 클릭합니다.

14 ❶ Move Tool(이동 도구, ⊕)을 클릭하고 ❷ 캔버스를 클릭&드래그해 여자 이미지를 왼쪽에 배치합니다.

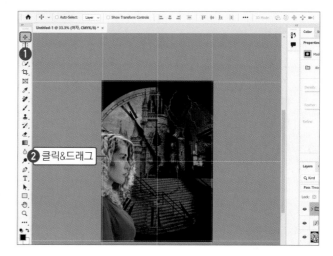

> **TIP** Auto-Select(자동 선택)가 체크되어 있으면 캔버스에서 클릭한 레이어만 이동할 수 있습니다. Layers(레이어) 패널에서 선택한 그룹 레이어 전체를 이동하려면 Auto-Select(자동 선택)를 해제하세요.

호랑이 이미지 배치하기

호랑이 이미지를 불러와 누끼를 따고 주인공과 마주보는 구도로 배치하겠습니다.

01 ❶ File(파일) – Place Embedded (포함 가져오기) 명령으로 '포스터 만들기 6.jpg'를 불러오고 ❷ 크기와 위치를 조절합니다. Contextual Task Bar(상황별 작업 표시줄)의 ❸ ⋈ 버튼을 클릭해 이미지의 좌우를 반전한 후 ❹ Enter 를 누릅니다.

02 ❶ Object Selection Tool(개체 선택 도구, ▣)을 클릭합니다. 옵션바의 ❷ Select Subject(피사체 선택)를 클릭하고 ❸ [Select and Mask(선택 및 마스크)] 버튼을 클릭합니다.

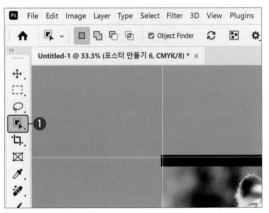
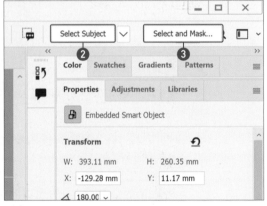

03 선택 영역을 명확하게 확인하기 위해 View(보기)를 'Black & White(흑백)'로 설정합니다. 흰색 부분은 선택 영역에 포함되고 검은색인 부분은 포함되지 않습니다. 회색인 부분은 반투명하게 포함됩니다.

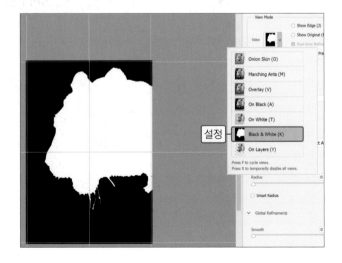

04 옵션바의 [Refine Hair(가는 선 다듬기)] 버튼을 클릭해 인공지능이 가장자리에 있는 털을 자연스럽게 추적해 준 것을 확인합니다.

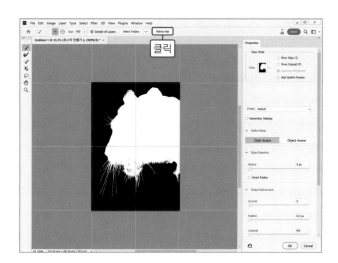

05 잘못 선택된 영역을 수정하기 위해 ❶ Quick Selection Tool(빠른 선택 도구, ☑️)을 클릭하고 ❷ 키보드의 ⬜와 ⬜를 눌러 마우스의 크기를 조절합니다. 옵션바의 ❸ ⊕ 버튼을 클릭하고 ❹ 선택되지 않은 부분을 클릭&드래그합니다. ❺ Output To(출력 위치)를 'Layer Mask(레이어 마스크)'로 설정한 후 ❻ [OK(확인)] 버튼을 클릭합니다.

06 털의 디테일을 올리기 위해 Layers(레이어) 패널에서 ❶ '포스터 만들기 6' 레이어의 축소판을 클릭하고 ❷ Image(이미지) – ❸ Adjustments(조정) – ❹ Shadows/Highlights(어두운 영역/밝은 영역)를 클릭합니다.

07 ❶ Shadows(어두운 영역)의 Amount(양)를 '0%'로 ❷ Highlights(밝은 영역)의 Amount(양)를 '25%'로
설정해 밝은 영역을 어둡게 조정하고 ❸ [OK(확인)] 버튼을 클릭합니다.

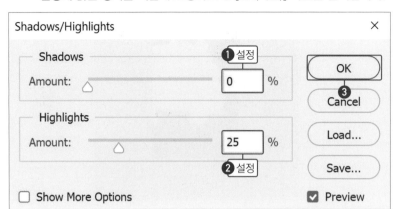

08 ❶ Image(이미지) – ❷ Adjustments
(조정) – ❸ Hue/Saturation(색조/
채도)을 클릭합니다.

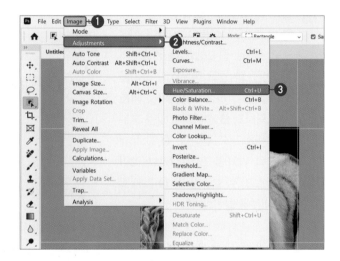

09 ❶～❸ 그림과 같이 설정해 채도를 낮추고 ❹ [OK(확인)] 버튼을 클릭합니다.

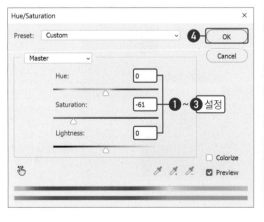

• Hue(색조): 0
• Saturation(채도): −61
• Lightness(밝기): 0

10 호랑이 이미지의 대비를 높이기 위해 ❶ Image(이미지) – ❷ Adjustments(조정) – ❸ Curves(곡선)를 클릭합니다.

11 ❶ 그림과 같이 클릭&드래그하고 ❷ [OK(확인)] 버튼을 클릭합니다.

12 캔버스를 Ctrl 을 누른 상태에서 클릭&드래그해 호랑이 이미지를 그림과 같이 배치합니다.

13 주인공 이미지의 밝기를 호랑이 이미지와 맞추기 위해 Layers(레이어) 패널에서 ❶ '여자' 그룹 레이어를 클릭합니다. ❷ 조정 레이어 버튼(⬤) – ❸ Curves(곡선)를 클릭합니다.

14 Properties(속성) 패널에서 ❶ 그림과 같이 클릭&드래그해 밝기를 올리고 ❷ 클리핑 마스크 버튼(⬛)을 클릭합니다.

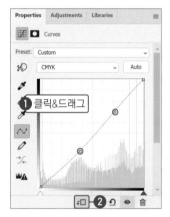

포스터에 영화 제목, 출연하는 배우의 이름 등을 입력해 타이포그래피를 완성하겠습니다. 텍스트에 질감을 넣고 크기를 다양하게 설정해 입체적인 느낌을 더해 줍니다.

01 ❶ Horizontal Type Tool(수평 문자 도구, T.)을 클릭합니다. ❷ 캔버스를 클릭하고 'The'를 입력한 후 ❸ Ctrl + Enter 를 눌러 마무리합니다. ❹~❼ 옵션바를 그림과 같이 설정합니다.

- **폰트**: Aviano Serif Black
- **크기**: 25 pt

- **정렬**: 가운데 정렬
- **색상**: #f5a528

02 ❶ Ctrl + J 를 눌러 레이어를 복제하고 ❷ Ctrl 을 누른 상태에서 텍스트를 클릭&드래그해 아래쪽으로 이동합니다.

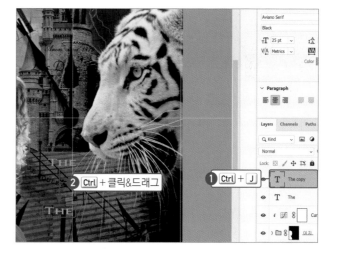

03 ❶ 복제한 텍스트를 클릭해 'oF'로 수정하고 ❷ Ctrl + Enter 를 눌러 마무리합니다.

04 ❶ 다시 캔버스를 클릭해 'S'를 입력한 후 ❷ Ctrl + Enter 를 눌러 마무리합니다. ❸~❻ 옵션바를 그림과 같이 설정합니다.

- **폰트:** Aviano Serif Bold
- **크기:** 100 pt

- **정렬:** 가운데 정렬
- **색상:** #f5a528

05 ❶ 순서대로 'E', 'C', 'R', 'E', 'T', 'C', 'A', 'S', 'T', 'L', 'E'를 각각 입력한 후 ❷ 각 텍스트의 크기를 '40~100 pt' 사이에서 자유롭게 설정합니다. ❸ 각각의 텍스트를 Ctrl 을 누른 상태에서 클릭&드래그해 위치가 조금씩 겹치게 배치합니다.

06 ❶ 다시 캔버스를 클릭해 'DECEMBER 7'을 입력하고 ❷ Ctrl + Enter 를 눌러 마무리합니다. ❸~❻ 옵션바를 그림과 같이 설정합니다.

- **폰트:** Aviano Serif Black
- **크기:** 15 pt

- **정렬:** 가운데 정렬
- **색상:** #ffffff

07 Layers(레이어) 패널에서 ❶ 'DECEMBER 7' 레이어를 클릭하고 ❷ 'The' 레이어를 Shift 를 누른 상태에서 클릭해 중복 선택합니다.

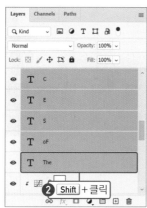

08 ❶ Ctrl + G 를 눌러 그룹으로 묶고 ❷ 그룹 레이어의 이름을 더블 클릭합니다. ❸ 'textured'를 입력한후 Enter 를 누릅니다.

09 ❶ 'textured' 그룹 레이어의 빈 공간을 더블 클릭해 Layer Style(레이어 스타일) 창을 엽니다. ❷ Bevel & Emboss(경사와 엠보스) 메뉴를 클릭한 후 ❸~❽ 그림과 같이 설정합니다.

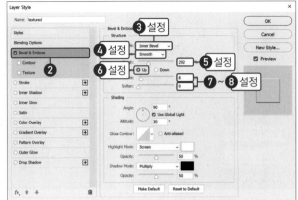

- **Style(스타일):** Inner Bevel(내부 경사)
- **Technique(기법):** Smooth(매끄럽게)
- **Depth(깊이):** 292%

- **Direction(방향):** Up(위로)
- **Size(크기):** 8 px
- **Soften(부드럽게):** 0 px

10 ❶ Texture(텍스처) 메뉴를 클릭하고 ❷ Pattern(패턴)을 클릭합니다. 패턴 종류를 ❸ Trees(나무) − ❹ Tree Tile 4(나무 타일 4)로 설정합니다.

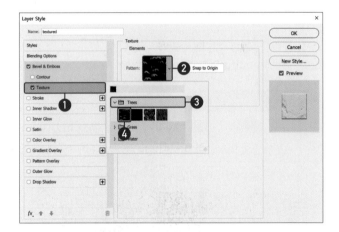

11 ❶ Drop Shadow(드롭 섀도) 메뉴를 클릭합니다. ❷~❼ 그림과 같이 설정한 후 ❽ [OK(확인)] 버튼을 클릭합니다.

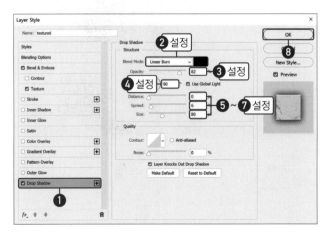

- **Blend Mode(혼합 모드):** Linear Burn(선형 번), #000000
- **Opacity(불투명도):** 82%
- **Angle(각도):** 90°
- **Distance(거리):** 0 px
- **Spread(스프레드):** 6%
- **Size(크기):** 80 px

12 포스터 하단에 영화를 설명하는 텍스트를 입력하기 위해 ❶ 캔버스를 클릭&드래그합니다. ❷ 문단 사이사이를 클릭한 후 Enter 를 눌러 행을 나누고 ❸ Ctrl + Enter 를 눌러 마무리합니다. Properties(속성) 패널에서 ❹~❽ 그림과 같이 설정합니다.

- **폰트**: Roc Grotesk Compressed Light
- **크기**: 18 pt
- **행간**: 18 pt

- **색상**: #ffffff
- **정렬**: 가운데 정렬

TIP 클릭&드래그해 문단을 만들어도 화면에 텍스트가 나오지 않는다면 Ctrl + K 를 눌러 환경 설정 창을 열고 Type(문자) – Fill new type layers with placeholder text(자리 표시자 텍스트로 새로운 문자 레이어 채우기)에 체크한 후 [OK(확인)] 버튼을 클릭합니다.

13 출연 배우의 이름을 작성하기 위해 ❶ 캔버스의 윗부분을 클릭하고 'Amy Vandyne'을 입력한 후 ❷ Ctrl + Enter 를 눌러 마무리합니다. Properties(속성) 패널에서 ❸~❼ 그림과 같이 설정합니다.

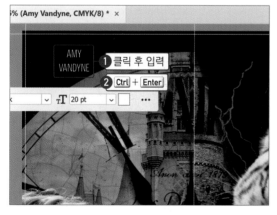
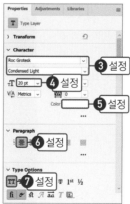

- **폰트**: Roc Grotesk Condensed Light
- **크기**: 20 pt
- **색상**: #ffffff

- **정렬**: 가운데 정렬
- **문자 옵션**: 모두 대문자

14 ❶ Ctrl + J 를 눌러 레이어를 복제
합니다. ❷ Ctrl 을 누른 상태에서 클
릭&드래그하고 ❸ Shift 를 눌러 오
른쪽으로 이동합니다.

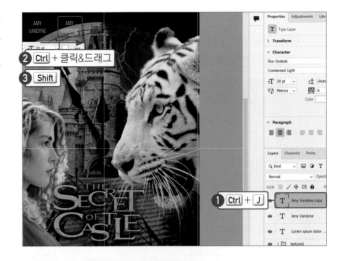

15 14를 세 번 더 반복해 총 다섯 개의
이름 레이어를 만듭니다.

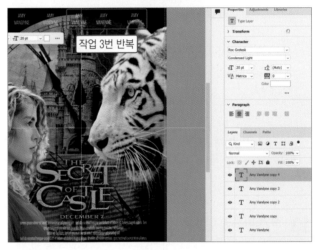

16 ❶ 각각의 텍스트를 클릭해 'Saman
tha Rogers', 'Wilbur Mallett', 'Jose
Burke', 'Steven Jones'로 수정한
후 ❷ Ctrl + Enter 를 눌러 마무리합
니다.

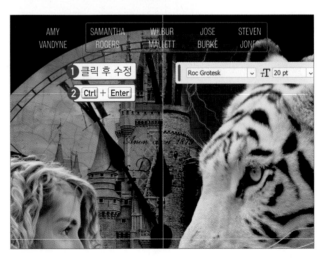

17 Layers(레이어) 패널에서 ❶ 'Amy Vandyne' 레이어를 클릭하고 ❷ 'Steven Jones' 레이어를 [Shift]를 누른 상태에서 클릭해 중복 선택합니다. ❸ Move Tool(이동 도구, ⊕)을 클릭하고 옵션바의 ❹ ⊪ 버튼을 클릭해 배분합니다.

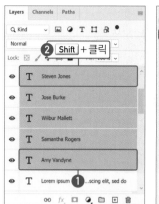

18 Layers(레이어) 패널에서 ❶ 'textured' 그룹 레이어를 클릭하고 ❷ 'Steven Jones' 레이어를 [Shift]를 누른 상태에서 클릭해 중복 선택합니다.

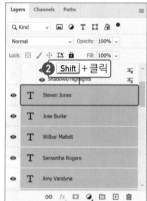

19 ❶ [Ctrl] + [G]를 눌러 그룹으로 묶고 ❷ 그룹 레이어의 이름을 더블 클릭합니다. ❸ 'text'를 입력한 후 [Enter]를 누릅니다.

20 마지막으로 불꽃 이미지를 합성하기 위해 ❶ File(파일) – Place Embedded(포함 가져오기) 명령으로 '포스터 만들기 7.jpg'를 불러옵니다. ❷ 크기와 위치를 조절하고 ❸ Enter를 누릅니다.

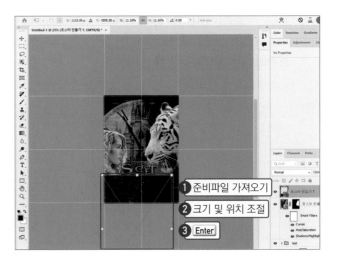

21 Layers(레이어) 패널에서 혼합 모드를 'Screen(스크린)'으로 설정합니다.

22 불꽃 이미지의 어두운 부분이 아예 보이지 않도록 ❶ Image(이미지) – ❷ Adjustments(조정) – ❸ Levels(레벨)를 클릭합니다.

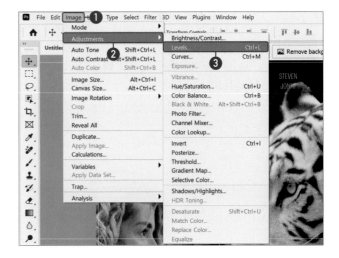

23 이미지의 경계선이 보이지 않을 때까지 ❶ 화살표를 클릭&드래그해 밝기를 어둡게 조정하고 ❷ [OK(확인)] 버튼을 클릭합니다.

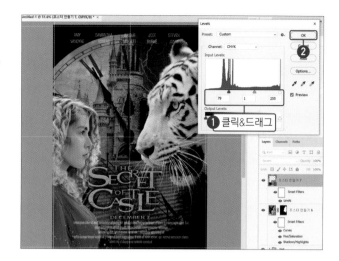

24 ❶ Ctrl + J 를 눌러 레이어를 복제하고 ❷ Ctrl 을 누른 상태에서 클릭&드래그해 오른쪽으로 이동합니다.

25 판타지 영화의 포스터 만들기를 완성했습니다.

파이어플라이를 활용한 이미지 보정과 합성

바로 쓰는 포토샵 AI

초 판 발 행	2023년 12월 13일
발 행 인	박영일
책 임 편 집	이해욱
저 자	전하린(하디)
편 집 진 행	정민아
표 지 디 자 인	김지수
편 집 디 자 인	김세연
발 행 처	시대인
공 급 처	(주)시대고시기획
출 판 등 록	제 10-1521호
주 소	서울시 마포구 큰우물로 75 [도화동 538 성지 B/D] 9F
전 화	1600-3600
팩 스	02-701-8823
홈 페 이 지	www.edusd.co.kr

I S B N	979-11-383-4663-4(13000)
정 가	20,000원